なぜ、一流の人はハードワークでも心が疲れないのか？

実践版「レジリエンス・トレーニング」

ポジティブサイコロジースクール代表
久世浩司

SB Creative

はじめに
ハードに仕事をしても心が疲弊しない「新しい働き方」とは？

この本は、「ハードに仕事をしながらも、心が折れることなく、仕事を通した幸せを求める人たち」に向けて書いた本です。

最近、ハードワークに対して否定的な見方をする人が増えているように感じます。ブラック企業の問題やワークライフ・バランスの重要性がメディアで取り上げられることもあるでしょう。または、効率的に働き、楽をすることが格好いいと考える人が増えているのかもしれません。まるで、ハードに働くことが時代遅れで、いけないことのように言われているのです。

たしかに長時間の労働は問題ですし、プライベートな時間と仕事の時間のバランスが必要です。しかし、ハードワークを問題視する考え方に、私は違和感を感じていました。

誤解を避けるために断っておきますが、**私が言うハードワークは「ロングワーク」ではありません。**健康を犠牲にして長い時間働くことではなく、脳をフルに使って集中的に働く頭脳労働を指します。

私が知っている一流のビジネスパーソンやグローバルでエリートと呼ばれる人たちは、基本的にハードワークを厭《いと》わない人ばかりでした。ハードに脳を酷使しても耐えうるメンタル・スタミナをもち、誰よりも懸命に働いていましたが、どの社員よりも元気でした。ハードに集中的に働きながら、なぜかイキイキとして幸せそうだったのです。

早めにオフィスに出社して、静かなうちに書類やメールなどを整理し、日中は多くの会議をこなし、帰宅後は家族との時間を大切にし、週末には資格取得の勉強や個人のスキルアップに余念がないといった生活を送っている人たちでした。忙しそうに見えたのですが、本人は多忙だとは感じてはおらず、目の前の仕事にただ没頭しているムダのないシンプルな働き方を当たり前にしていたのです。

「精神的にタフじゃないと、そんな働き方はできない」と考える人もいるでしょう。私もそう思っていました。自分のような凡人には、ハードに働き、多くの成果を上げることはできないと感じていたのです。

しかし、勤勉さの象徴のようにハードワークをモットーとしているそれら一流の業績を上げている人たちには、ある共通した習慣があることに気づきました。きっかけは、その人たちの働き方の特徴を「**レジリエンス**」の研究の視点で見たことにあります。

ダボス会議でも話題になった「レジリエンス」とは？

ところで、皆さんは「**レジリエンス**」を知っていますか？

海外では30年以上も研究が続けられ、子どもからビジネスパーソンまで「あなたはレジリエンスが強い人だね」と形容詞的に使われている用語ですが、国内で知られるようになったのはまだ最近です。

ＮＨＫの人気番組である『クローズアップ現代』で「折れない心の育て方〜レジリエンスを知っていますか〜」という特集が組まれたことがきっかけでした。二桁の高視聴率を記録したので、もしかしたらこの番組を見て興味をもった方も多いかもしれません。私も企画段階から番組作りの協力をさせていただき、レジリエンスを企業で教えた様子が番組でも取り上げられましたが、放送後の反響が大きく、レジリエンスについて講演・執筆・研修する機会が増えました。

個人レベルだけではなく、組織や国家レベルでもレジリエンスが注目を浴びています。スイスの高級リゾートで毎年1月に世界各国からVIPクラスの要人が集まって開かれる「世界経済フォーラム」（通称：ダボス会議）では、2013年度のテーマとしてレジリエンスが議論されました。

世界的な異常気象と地震・津波などの災害、そしてリーマン・ショックにより明らかになった金融システムの脆弱さに耐えうる強靭な国家が必要とされています。「**変化や危機は避けられないもの**」**と捉え、**「**変化に適応できるように自分たちが変わらなくてはいけない**」という積極的な姿勢がグローバルな政界・経済界のトップの主流になりつつあります。

この変化と危機への対応力は、企業でも必要条件となっています。特にリーダーの条件として「レジリエンス」が加えられる会社がグローバル企業で増えており、世界最大のエネルギー会社のロイヤル・ダッチ・シェルや世界最強の投資銀行と言われるゴールドマン・サックスなどではレジリエンス研修が導入されています。

これは企業に限った話ではなく、私たち個人にもレジリエンスの重要性は増しています。会社ではストレスが多く、多忙さは増すばかりです。コンプライアンスや守秘義務に関連した社内ルールの変更も頻繁で、社長が変わるたびに組織改革やリストラ、M&Aなどが行われることもあります。景気が上向いたからといって、自分の担当する仕事に好影響があるとは限らず、上司からの期待や業務の締め切り・期限などのプレッシャーも少なくはありません。今後も、レジリエンスの必要性は増すばかりだと予想されます。

レジリエンスの3つの特徴

そもそも「レジリエンス」とは何でしょうか？

私はいつも「レジリエンスとは、逆境や困難、強いストレスに直面したときに、適応する精神力と心理的プロセスである」という全米心理学会での説明をそのまま引用しています。

レジリエンスの高い人の特徴としては、大きく次の3つが挙げられます。

1つめが「**回復力**」で、逆境や困難に直面しても、心が折れて立ち直れなくなるのではなく、すぐに元の状態に戻ることができる、竹のようなしなやかさをもった心の状態です。

2つめが「**緩衝力**」で、ストレスや予想外のショックなどの外的な圧力に対しても耐性がある、テニスボールのような弾力性のある精神、いわゆる打たれ強さを示します。

3つめが「**適応力**」で、予期せぬ変化や危機に動揺して抵抗するのではなく、新たな現実を受け入れて合理的に対応する力です。道路の亀裂から芽を出して生存し、花を咲かせて繁栄するタンポポが「変化適応力」のひとつのメタファーとなります。

ハードワークなのに元気な人の3つの習慣

私はレジリエンス・トレーニングの講師を専門とし、多くの企業や病院でレジリエンスの技術を教えてきました。そのトレーニングの内容は、拙著『「レジリエンス」の鍛え方』（実業之日本社）に含まれていますが、その要旨は本書の序章でも紹介しています。

最近ではレジリエンス・トレーニングを企業向けに研修する講師の養成も行っています。また、レジリエンスは小さいうちから鍛えるべきだと考え、子どもの逆境力を育成するレジリエンス・トレーナーの育成にも関わってきました。

社会的なニーズとしては、やはりメンタルの問題があります。「**心が折れやすい人**」が**増えているのです**。海外でも、従来のストレスマネジメントに代わる研修として、企業や学校、軍隊や警察、刑務所などで導入されています。

■レジリエンスとは？

①回復力　②緩衝力　③適応力

レジリエンスとは、逆境や困難、強いストレスに直面したときに、適応する精神力と心理的プロセスである。

（APA 全米心理学会）

その一方で、マネジャーやリーダーが活躍し続けるためにレジリエンスが必要であるという考えも広まりつつあります。実際、レジリエンスのトレーニングを受けたリーダーは、部下からの信頼度が増すというデータもあります。「この人は逆境に遭っても大丈夫だから、ついていって安心だろう」と思われるのです。

多くのビジネスパーソンにレジリエンスをトレーニングし、さらには一流と呼ばれている企業でハイポテンシャルな人材とされている人たちに取材を重ねることで、気づいたことがあります。

それは、**ハードに仕事をしながらも、心が疲れにくい人は、レジリエンスを鍛える**

習慣をもっていることでした。
その習慣とは、以下の3つです。

① ネガティブ連鎖をその日のうちに断ち切る習慣
② ストレス体験のたびにレジリエンス・マッスルを鍛える習慣
③ ときおり立ち止まり、振り返りの時間をもつ習慣

これらの習慣は、決して難しいものではありません。誰にでもできるものです。

仕事で成果を継続的に出す人は、これらを計画的な習慣として自分を律しています。レジリエンスを身につけているので、誰よりも集中的にハードに仕事をしながらも、他の人よりも元気でいられるのです。

そして、仕事を通して充実した日々を送っています。レジリエンスのある働き方のその先には、幸せな生き方があるからです。

本書は、前向きにハードワークに取り組む皆さんに、「**ストレスの多い働き方**」**を、レジリエンスのある働き方に変えるにはどうすればいいか**」を伝えるために、以下のような構成をとっています。

序章では、まずは「レジリエンス・トレーニング」の基本について解説しています。前著『「レジリエンス」の鍛え方』を読んで、基本的な知識をお持ちの方はこちらは読み飛ばしていただいても大丈夫です。

1章から5章までは、多くの人がストレスに感じる代表的な逆境に悩む人の事例を挙げ、ストレスとなる原因や逆境をどうやって乗り越え、レジリエンスを高めるのかを解説することで、皆さんが「レジリエンスを鍛えるとは、つまりこういうことなのか」と実感できるようになっています。

1章は、1つめの習慣である、ネガティブ連鎖の断ち切り方について紹介しています。これはレジリエンス・トレーニングのなかでも最初の一歩となる基本的な技術ですが、多くの方の話を聞いていると、まずここでつまずく方が多いように感じます。

2〜4章は、人間関係、なかでも対処が難しい嫌な上司、思いやりのない職場、転職や異動などのキャリアの節目というそれぞれ過酷なストレス体験をいかに「レジリエンス・マッスル」を鍛える機会とするかという2つめの習慣について紹介しています。

そして5章は、3つめの習慣である「振り返って立ち止まる習慣」について紹介しています。

この本が皆さんの働き方の助けになることを願っています。

ポジティブサイコロジースクール　代表
久世浩司

目次

第1章

ネガティブ連鎖を断ち切る習慣

第2章

「上司との人間関係ストレス」とのつきあい方

第3章 「思いやりのない職場」での過ごし方

第4章

キャリアの節目での「逆境力」

第5章

立ち止まって振り返る習慣

序章

レジリエンス・トレーニングとは？

「レジリエンス・トレーニング」とは？

レジリエンスの高い人は、ハードに働きながらも、心が疲弊することが少ないというのが私の考えです。では、仕事で成果を出すことを求められている人に必要なレジリエンスは、どうすれば身につけることができるのでしょうか？

実は、レジリエンスの力は誰にでもあるものです。逆境を乗り越える力、困難に負けない強さは、多少のレベルの違いはあれ、私たちの内面に備わっているのです。要は、それを引き出して、必要に応じて発揮すればいいのです。

さらには、レジリエンスの力は強化することもできます。過去30年以上にわたる研究でも「**レジリエンスは習得可能である**」ことがわかってきました。これは私のようなもともとレジリエンスを充分に発揮できずに仕事で苦労していた者にとっては朗報でした。

その逆境力を鍛えるために開発されたのが「**レジリエンス・トレーニング**」です。私が講師として教えているレジリエンス・トレーニングは、欧州を代表するポジティブ心理学者であるイローナ・ボニウェル博士が開発した、長年のレジリエンス研究に加え、鬱病の治療に効果がある認知行動療法と21世紀の心理学の新潮流であるポジティブ心理学、そしてＰＴＧ（トラウマ後の成長）の研究が統合されたプログラムです。

このトレーニングには、皆さん非常に積極的に参加します。逆境力を身につけて仕事の能力をアップすることが目的なので、前向きな気持ちが生まれる。研修を受けた後は、皆さん驚くほどイキイキとした表情に変わります。ポジティブ心理学の手法を活用したワークによる体験学習の結果です。

「ストレスに対処する新しい方法に気がついた」
「逆境も悪くないかもしれないと思えるようになった」
「自分の感情と思い込みのクセがわかった」
「自分では気づかなかった強みを発見できた」
「今までの自分を俯瞰《ふかん》することで、過去の出来事の意味づけができた」
「科学的根拠に基づいた手法のため、すんなり入ってきた」

といった前向きなコメントが、このトレーニングの参加者からは聞かれます。そして新たな技術を習得して、仕事に挑むのです。

ステージ1

精神的な落ち込みを「底打ち」する

失敗やストレス体験を克服し、変化に適応するグローバルスタンダードのレジリエンスには、３つの段階があります。これを私は「**レジリエンス１・２・３ステップ**」と呼んでいます。それぞれの段階で必要な技術を習得することで、レジリエンスの能力は誰にでも獲得することができます。

では、そのステップを理解してみましょう。

１つめが「**底打ち**」です。私たちは失敗するとストレスを感じ、精神的に落ち込んでしまいます。それは、不安や心配などのネガティブな感情が原因となった悪循環です。まるで渦巻きに巻き込まれて海の底にずるずると落ちていくような憂鬱感やイライラが延々と続き、怒りの感情がいつまでたっても収まらない苦しさを感じます。

この「ネガティブ連鎖」を断ち切らないことには、レジリエンスの次の段階には進めません。ここでは、ネガティブな感情の悪循環からどうすれば脱出できるのかを学びます。

■レジリエンス１－２－３ステップ

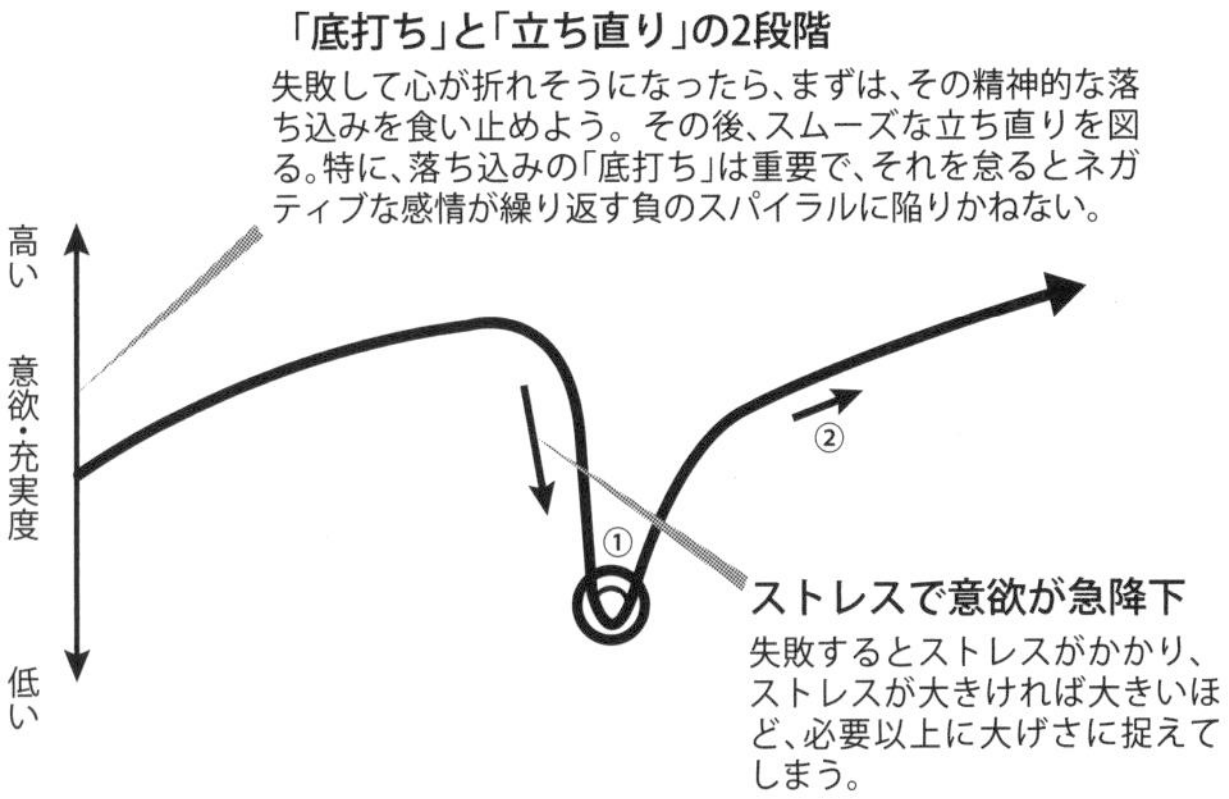
「底打ち」と「立ち直り」の2段階
失敗して心が折れそうになったら、まずは、その精神的な落ち込みを食い止めよう。その後、スムーズな立ち直りを図る。特に、落ち込みの「底打ち」は重要で、それを怠るとネガティブな感情が繰り返す負のスパイラルに陥りかねない。
高い
意欲・充実度
低い
①
②
ストレスで意欲が急降下
失敗するとストレスがかかり、ストレスが大きければ大きいほど、必要以上に大げさに捉えてしまう。

① 精神的な落ち込みを「底打ち」する
② スムーズな「立ち直り」を図る

ステージ2

スムーズな「立ち直り」を図る

2つめが「**立ち直り**」の段階です。精神的な落ち込みを底打ちすることができたら、次は元の心理状態へ回復することが目的となります。レジリエンスの強い人は、失敗や挑戦を恐れません。うまくいかずにつまずいても、すぐに立ち直ることができるからです。

早期に立ち直るために欠かせないのが「**レジリエンス・マッスル**」です。これは再起のために必要な心理的な筋肉と言ってもいいでしょう。このレジリエンス・マッスルが普段の生活で鍛えられることによって、ストレスやプレッシャーに対する緩衝力となるだけでなく、逆境を乗り越えて前進する原動力となります。

そして**3つめ**が「**教訓化**」です。困難を乗り越えて元の状態に回復した後に、過去の逆境体験を静かに振り返り、次につながる意味を学ぶ内省の段階です。ここで得られた教訓は、その後出合うチャレンジに活かされます。強くたくましく、賢く成長することができるのです。

■レジリエンス１－２－３ステップ

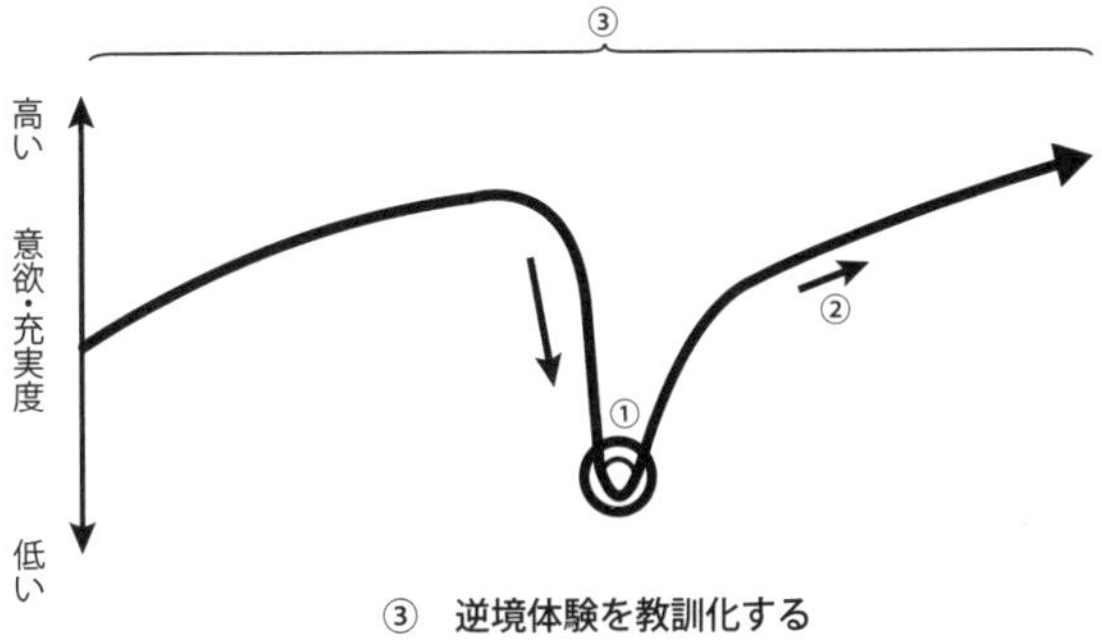

③　逆境体験を教訓化する

この教訓化は、焦るべきではありません。困難な状況を乗り越えた後に、気持ちに余裕ができてから振り返るほうがいいのです。まだ心の痛みが残っているときに内省して意味を見出すのは、難しいからです。

ステージ3

感情にラベリングする

では、次に「レジリエンス 1―2―3ステップ」で使うことができる「レジリエンスを高める7つの技術」をご紹介します。これらは全て、研究に裏打ちされた実証的な手法をもとにしています。

【レジリエンスを鍛える7つの技術①】

ネガティブ感情の悪循環から脱出する

第1の技術が「**ネガティブ感情の悪循環から脱出する**」ことです。そのために効果的な方法が2種類あります。「**感情のラベリング**」と「**気晴らし**」です。

「**感情のラベリング**」とは、目に見えない感情を「見える化」するテクニックです。ネガティブな感情に対処するためには、その対象である感情を見定めなくてはいけません。ところが感情は目で見ることも、手にとって触ることもできません。

そこで「感情のラベリング」が重要となります。これは、自分の内面で生まれた感情に名前をつけることで、すぐに気づくための方法です。どんなことでもターゲットを「見える化」しないと、効果的に対処することができませんよね。それは感情でも同じです。

読者の皆さんに「感情のラベリング」をマスターしてもらうために、本書には「感情カード」を特別付録としました。これは、私がレジリエンス・トレーニングで使用している教材をもとにしています。

このカードを活用して、ストレス体験をした後に「感情のラベリング」を試してください。とても簡単です。カードを使うことで、自分の内面にどのような感情が流れていたのかがすぐに明らかになります。自分に特有の感情パターンも理解できます。家族や友だち、同僚と「感情のラベリング」をすれば、同じ失敗体験やネガティブな出来事でも、それに反応して生まれてくる感情に大きな違いがあることに気づくはずです。

詳しくは巻末に使い方の説明とともに書いてありますので、そちらをご参照ください。

ネガティブ感情の悪循環から抜け出すための2つめの方法が、「**気晴らし**」をすることです。

ネガティブな感情は、とてもしつこいことに特徴があります。たとえば、不安な気持ちが生まれると、いつまでたっても忘れられないことはありませんか？　ときには芋づる式に別の心配事が呼び出されて、不安な気持ちが地獄の堂々巡りのように繰り返されてしまいます。

「気晴らし」とは、そのネガティブ連鎖を断ち切るために、ネガティブな気持ちを別のことに注意を〝そらす〟ことにあります。ネガティブな感情や思考から、自分の意識を別の対象にシフトすることです。その結果、ネガティブな感情の繰り返しがストップし、悪循環からスーッと抜け出すことができるのです。

効果的な「気晴らし」をするコツは、まず体を使うことです。頭だけを使って別のことに注意を向けようとしても、しつこくて粘着性のあるネガティブな感情に負けてしまうからです。そして、自分に合った気晴らしの方法を選ぶことです。できれば、没頭できるぐらいのものがおすすめです。科学的根拠のある気晴らしには、主に4つのカテゴリーがあります。

①　エクササイズやダンス、ジョギングや各種スポーツなどの「**運動系**」

■ネガティブ感情の「気晴らし」

エクササイズ ダンス	音楽演奏 音楽鑑賞	ヨガ・瞑想 早足散歩	ライティング 日記
βエンドルフィン （天然の妙薬）	ドーパミン （快感ホルモン）	セロトニン （抗ストレスの秘薬）	ネガティブ感情の 鎮静効果

(Zapolsky, 2004; Rately and Hagerman, 2008; Davidson, 2003; Pennebaker, 1997)

② 好きな音楽を鑑賞したり演奏したりする「**音楽系**」

③ ヨガや瞑想、散歩など呼吸を落ち着かせる静かな活動である「**呼吸系**」

④ 日記や手紙など手を使って書くことで感情を表出化する「**筆記系**」

これらはβエンドルフィンやセロトニンなどの良性ホルモンの分泌に作用するため、生理的に体の内面からもよい効果が期待できます。

【レジリエンスを鍛える7つの技術②】

役に立たない「思い込み」を手なずける

感情のラベリングを行い、嫌な気持ちの気晴らしをしても、ふつふつと湧いてくるネガティブ感情があるかもしれません。実にしつこく繰り返されるタイプです。

これは、もしかすると失敗やストレス体験がきっかけとなって生まれたネガティブ感情ではなく、過去に心の奥底につくられた「思い込み」が原因で生まれた感情かもしれません。発生原因は外側ではなく、自分の内面にあるのです。

そこで2つめの「**役に立たない思い込みを手なずける**」技術が登場します。

私が行うレジリエンス・トレーニングでは、ネガティブ感情の原因となる典型的な思考パターンを7種類に分け、それらに犬の名前をつけています。そうすることで、思い込みのタイプがわかりやすいこと、そして「あなたの心の中で犬がいつのまにか棲みついて、ワンワンと吠えているだけですよ」と考えると、気持ちも楽になるからです。

重要なポイントは、「思い込み犬」は皆さんの人格の一部ではないということです。あくまで、そういう性質の犬が心の中に棲んでいるだけだと考えて下さい。

■７種類の「思い込み犬」

思い込みタイプ	考え方の癖	ネガティブ感情
批判犬	白黒思考	怒り・不満・羨望
正義犬	べき思考	嫌悪・憤慨・嫉妬・羨望
負け犬	卑下思考	悲哀・憂鬱感
諦め犬	無力思考	不安・憂鬱感・無力感
心配犬	不安思考	不安・怖れ
謝り犬	自責思考	罪悪感・差恥心
無関心犬	回避思考	疲労感

思い込みを追放するか、受け入れるか、手なずけるか

これらの7種類の「思い込み犬」は、後天的に刷り込まれた思考パターンともいえます。たとえば、子どもの頃に体験した喪失感や孤独感、学校で教師に他の生徒と比較されて自尊感情が弱くなった経験、または社会に出て職場で自分の力ではコントロールできない問題によって無力感に陥った体験などがきっかけとして形成されたものです。

無意識のうちに学習したものであれば、意識的に手放すこともできると考えられます。場合によっては、「学習棄却（アンラーニング）」することも可能なのです。つまり、「**思い込み犬**」**を心の中に飼い続けることも、手放すことも、私たちの選択次第なのです**。思い込み犬に支配されるのではなく、それをどうするかは、私たちのコントロール下にあるのです。

思い込み犬に対する対処法には、3つの選択肢があります。

①追放：思い込み犬が吠えている内容が非現実的で何の証拠もない場合
②受容：思い込み犬が吠えている内容が理にかなっていて証拠もある場合
③訓練：思い込み犬が吠えている内容が100％間違っておらず今後もつきあえる場合

スピード回復をするための「レジリエンス・マッスル」

ネガティブ感情に対処し、精神的な落ち込みを速やかに底打ちすることは、非常に大切なレジリエンスの基本技術です。この方法を知らないために、パワフルでしつこいネガティブ感情に支配され、うるさく吠える思い込み犬に悩まされている人はたくさんいます。

ただ、これはレジリエンス・トレーニングのゴールではありません。マラソンにたとえると「折り返し地点」にすぎません。精神的な落ち込みに「底打ち」した次の段階が、上に向かって這い上がる「回復」の段階です。

そのためには、上り続けるための「筋力」が必要となります。それもできるだけ早期に回復したほうが、成功や達成に向けたアクションにつなぐことができます。

スピーディーに立ち直るために必要な心理的資源を「**レジリエンス・マッスル**」と名づ

けました。この筋肉の訓練法を4種類、紹介します。これらは、レジリエンスを高める第3から第6の技術ともなります。

【レジリエンスを鍛える7つの技術③】

「やればできる」と信じる「自己効力感」を身につける

レジリエンス・マッスルの第一訓練法が「**自己効力感**」を高めることです。

これは、たとえ目標や課題が挑戦度が高く達成することが無理と思えても、自分であれば障壁を乗り越えて到達することができるという信念を示し、4つの形成要因があります。

まず1つめが「**実体験**」です。「やればできる！」という信念をもつには、小さな成功体験をもつことが早道なのです。

2つめの要素は「**お手本**」、誰かがうまくやっている姿を間近で観察して「私にもできるかもしれない」と信じ込む代理体験です。自分のロールモデルを見出すことです。

そして3つめの要素は、周囲の人から口頭による「**励まし**」を受けることです。たとえば、「あなたならできると思うよ」と背中を押すような励ましは、とても効果的です。

最後の4つめが「**ムード**」です。特に、チームで目標を達成するときに必要な組織効力

■自己効力感を高める４つの要因

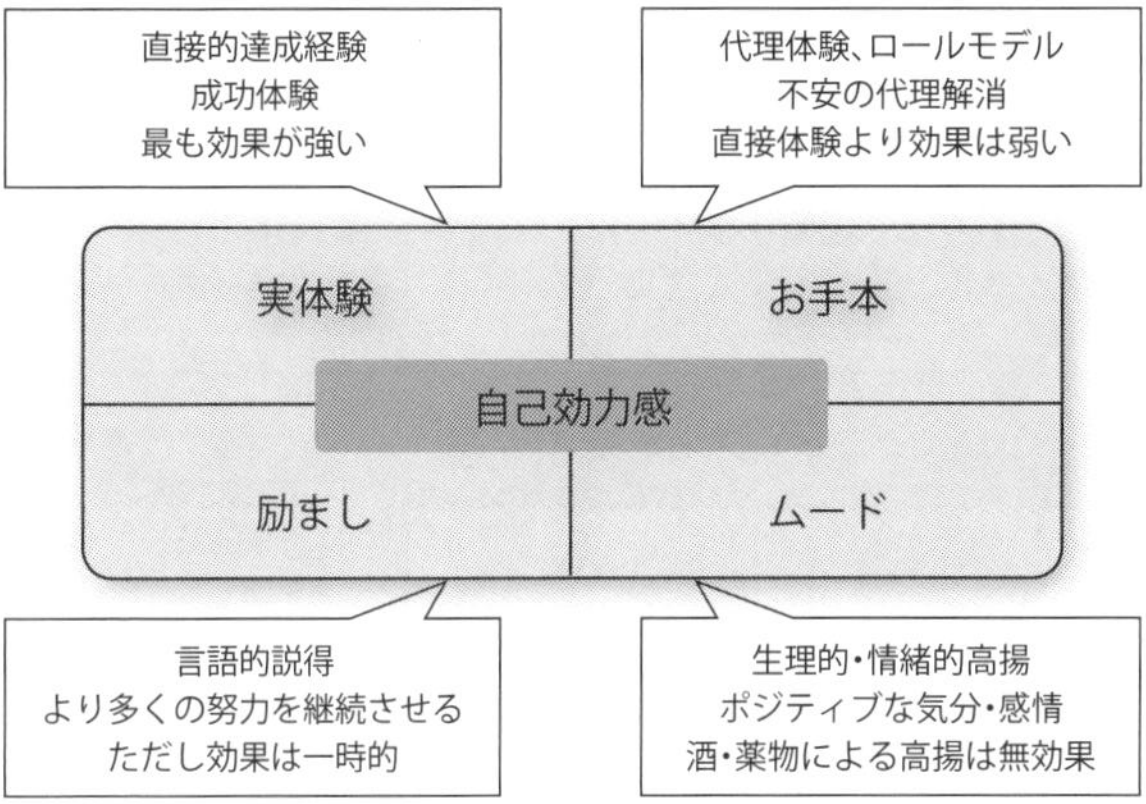

参考：Bandura, Albert. *Self-efficacy.* John Wiley & Sons, Inc., 1994.

感を高める際にも役に立ちます。高揚感を高めるような声かけをするのもいいでしょう。

【レジリエンスを鍛える7つの技術④】
自分の「強み」を活かす

レジリエンス・マッスルを鍛える第二訓練法が、自分を特徴づける「**強み**」を理解して、それを挑戦や逆境で活用することです。

自分の強みに気づいていない人がたくさんいます。それは「宝の持ち腐れ」です。

自分を特徴づける強みを把握するには、米・VIA研究所の「VIA-IS」を使用することをおすすめします。自分を特徴づける強みのレポートを入手できます。

強みを開発することは、レジリエンスの特徴で

■24種類の強み

知恵系	勇気系	人間性系
・創造性 ・好奇心 ・向学心 ・柔軟性 ・大局観	・真情・誠実さ ・勇敢さ ・忍耐力 ・熱意	・親切心 ・愛情 ・社会的知能

正義系	節制系	超越性系
・公平さ ・リーダーシップ ・チームワーク	・寛容さ・慈悲深さ ・慎み深さ・謙虚さ ・思慮深さ ・自己調整	・審美眼 ・感謝 ・希望 ・ユーモア ・スピリチュアリティ

引用元：Peterson, C., & Seligman, M. E. P. (2004). Character strengths and virtues: A handbook and classification. New York: Oxford University Press and Washington, DC: American Psychological Association. www.viacharacter.org（翻訳は著者による）

もあるストレスに対する緩衝力となる効果も期待できます。さらには、それらの強みを新しい仕事や趣味などに使うと、幸福度が高まり、抑鬱の徴候が低下し、自尊心が向上する素晴らしい副産物もあります。

非営利団体であるVIA研究所では、このツールを無料で公開しています。質問もレポートも日本語で翻訳されたものがあって便利です。世界で200万人以上が使用した信頼できるツールで、ぜひこの機会に自分の強みを発見してください。

詳しくは、こちらのURL（www.positivepsych.jp/via.html）にアクセスし、説明文に従ってください。

【レジリエンスを鍛える7つの技術⑤】
心の支えとなる「サポーター」をつくる

どれほど自分に自信があり、強みをもっていても、ときに私たちはくじけそうになります。そんなときに欠かせないのが、心から信頼できる人の存在です。これがレジリエンス・マッスルを鍛える第三訓練法である「**ソーシャル・サポート**（**社会的支援**）**を形成する**」です。

いざというときに心の支えとなり適切な支援をしてくれる貴重な存在のことを、私は「**サポーター**」と呼んでいます。

サポーターとなる相手は、実にさまざまです。たとえば、夫婦や兄弟、親子などの家族があります。おじいちゃんやおばあちゃんにとっては、孫の存在が心の支えとなります。「孫の結婚式までは元気でいたい」と願う高齢者も少なくありません。

他にも困ったことがあれば、すぐに駆けつけてくれる友人、損得抜きで叱咤激励してくれる先輩、そばにいるだけで安心感を与えてくれる家族、または落ち込んでいるときになでるだけで傷ついた心を癒やしてくれるペット……。心の支えは、人それぞれです。

サッカーの日本代表選手が「ピッチにいる選手は11人だが、12人目の選手がいつも応援してくれるサポーターだ」と話すことがあります。ホームの試合では、多くのサポーターが駆けつけその声援に囲まれて戦うせいか、おのずと勝率が高まります。これもサポーターが試合中の数々の逆境やプレーの失敗を乗り越える際の、心の支えとなるからでしょう。

職場では、上司や同僚、先輩やメンターがいます。経営者や個人でビジネスを営んでいる人には、コンサルタントやコーチ、弁護士や税理士などの相談者が心の支えとなります。病というのも、私たちが避けられない逆境です。自分の病気や家族が病に見舞われたときにサポーターとなるのは、信頼できる医師や看護師の存在でしょう。または「この子のためであればこの逆境を乗り越えてみせる」と感じさせる我が子も、病時のサポーターです。

私はいざというときに心の支えとなる**サポーターを最低5人もつこと**を、おすすめしています。逆境の種類によって誰の助けを請うべきかが違うこと、そしてサポーターとはお互いに助け合う「互恵関係」をもつことが望ましいのですが、助け、助けられるには片手の指の5人が精いっぱいではないかと考えるのがこの数の理由です。

ところが「サポーターは誰ですか」と質問しても、その名前を思いつけない人がかなりいます。特に中年以上の男性に多いのですが、これは危険です。なぜなら、40代を超えて人生の折り返し地点を迎える頃に「中年の危機」に直面することがあるからです。そのときに誰にも頼ることができずに孤立すると、心がポキリと折れてしまう。

平時のうちにサポーターとの関係づくりをしておくことが、有事への備えとなるのです。

【レジリエンスを鍛える7つの技術⑥】

「感謝」のポジティブ感情を高める

レジリエンス・マッスルを鍛える第四訓練法が、意外かもしれませんが**感謝の気持ちを高める習慣をもつこと**です。

たとえば、仕事で計画が頓挫して挫折感に包まれることがあります。そんなとき、「私が悪かった」「人に迷惑をかけて申し訳ない」と考えて自分を責め続けると、自責の念が高まり「罪悪感」というネガティブ感情に悩まされます。罪悪感は憂鬱感や自尊心の低下につながり、私たちのレジリエンスの機能を脆弱化させます。そんなときに役に立つ心理的資源が、ネガティブ感情とは真逆の「感謝」というポジティブな感情なのです。

ポジティブな感情にはネガティブな感情を「帳消し」する働きがあることがわかっています。つらく嫌なことが会社であったとしても、プライベートで自分が心から楽しめるような趣味をもっていると、気持ちを切り替えることはできませんか？　これは、楽しさや希望というポジティブ感情が不安などのネガティブ感情をリセットしてくれるからです。

そして常日頃から「感謝の気持ち」を豊かにする習慣をもつことで、レジリエンスの特徴の一つである「ストレスに対する緩衝力」を強化することも期待できます。**感謝の気持ちが豊かな人は、打たれ強い人でもあるのです。**

感謝の感情は、どんなときに生まれるか、ご存じですか？　それは主に

①人から助けてもらったとき
②よい機会に恵まれたとき

に生まれます。つまり、感謝の対象となるのは、自分に親切にしてくれた人か、自分に恩恵を与えてくれた天や神様なのです。

では、恩人や神様にどのように感謝の念を伝えればいいのでしょうか？

研究で非常に高い効果があると確認された手法が「**感謝の手紙**」です。便せんを一枚用意して、親しかったがゆえに言葉で表現することのなかった恩人に手紙で感謝の気持ちを

伝えるのです。

文章を書くのは、内省の訓練になります。手紙をもらった相手も、文字で伝えられたほうが口頭よりも重みを感じるものです。

そしてこの**「感謝の手紙」のメリットは、何よりも手紙を執筆する本人にあります。**感謝の気持ちを書面に表すだけで、感謝の感情が充分に高まることが研究で明らかになっています。手紙を送るのが恥ずかしい場合は、書くだけでも結構です。感謝の手紙は、書くことに意味があります。ぜひあなたの「サポーター」の一人に書いてみてください。

【レジリエンスを鍛える7つの技術⑦】
痛い体験から意味を学ぶ

ハードに仕事をしていると、仕事が多く集まりやすくなるでしょう。仕事に対して懸命な姿を見せる人には、仕事を頼みたくなるからです。上司から無理難題を与えられたり、まだ経験が浅いにもかかわらず重要な案件を任されたりすることもあるでしょう。その結果、失敗することも逆境に直面することも多くなります。しかし、それはある意味で恵まれているのかもしれません。**職場がレジリエンスを鍛える「道場」となるからです。**

私が新卒で入ったP&Gという会社は、若手に大きな仕事を任せて人を育てる社風があり、20代のうちから何十億円という予算の管理を任されて、いつも緊張と重圧を感じてハードに働いていました。ただ、今その体験を振り返ると、若いうちに上司や会社から鍛えられたことが後で役に立っていることに気づき、恵まれていた境遇に感謝しています。

ハードワークを常としている人は、いつも走り続けていると思いますが、**ときおり立ち止まって逆境と感じられていた体験を振り返る「自省の時間」は、とても意味があることだと思います。**これがレジリエンスのステップ3である「教訓化」につながり、レジリエンスを高める第7の技術である**「痛い体験から意味を学ぶ」**を活用することができます。

これは精神的に痛みを感じるようなつらい逆境体験から次につながる意味を学び、将来のネガティブな出来事に備えることです。

その逆境が失敗体験であれば、この教訓化の必要性は明らかです。失敗の原因を追求し、解決策を実行することで、次の失敗を防止することが望まれます。それが人間関係の逆境であれば、その痛い体験から今後どんなタイプの人とつきあうべきかがおのずと見えてくるでしょう。または、自分がつきあうべきでないタイプの人になぜか引き寄せられていたという役に立たない行動のパターンが明らかになるかもしれません。

「痛い体験から意味を学ぶ」ためには、その体験を「見える化」するために「**逆境グラフ**」を描くことをおすすめします。私が行うレジリエンス・トレーニングでは、受講者にA3の画用紙とマジックペンをお渡しし、縦軸に意欲・充実度の心理状態、横軸に時間軸を設定して、過去から現在における主観的な流れをグラフにして描いてもらいます。

その「逆境グラフ」を一歩離れて「鳥の目」になって眺めると、その体験に隠されていた意味や共通のパターンが見出せることがあります。当時は精神的な痛みのために気づかなかった意味や意義が、浮き彫りになるのです。

一人で行うセルフワークもいいのですが、信頼できるカウンセラーやコーチがいれば、問いかけをしてもらいながらこの演習を行うと、新たな視点や知恵を得られます。

ストレス体験のたびにレジリエンスを強くする

さて、ここまで「レジリエンス・トレーニング」で私が教えている逆境力を高めるための7つの技術をご紹介しました。

ステップ1「底打ち」
・第1の技術：ネガティブ感情の悪循環から脱出する
・第2の技術：役に立たない「思い込み」を手なずける
ステップ2「立ち直り」
・第3の技術：「やればできる」と信じる自己効力感を身につける
・第4の技術：自分を特徴づける「強み」を活用する
・第5の技術：心の支えとなる「サポーター」をもつ
・第6の技術：感謝のポジティブ感情を豊かにする
ステップ3「教訓化」
・第7の技術：痛い体験から意味を学ぶ

ハードに仕事をしている人、特にまじめでがんばりやな人は、ストレスやプレッシャーを感じ、組織や業界の変化も激しい職務に就《つ》いていることが多いと思います。そのたびに、心身が疲労し、いつもよりネガティブになり、「ストレスの多い会社が問題だ！」「上司が悪い！」と批判したくなることもあるでしょう。

ただ、会社の人事や上司がいくらがんばっても、業務上のストレスを減らすことには限界があります。また、仕事においては、耐えなくてはいけないストレスや乗り越えなくてはいけない問題があるのも事実です。

ダボス会議でも「現状維持」から「変化や危機は避けられないと捉え、自ら適応する力をもたなくてはならない」という認識の変化が起きたように、今後私たちが働く職場でも、ストレスや変化に抵抗するのではなく、それらに適応して「自己管理」できる人材が求められると思われます。セルフマネジメント力がない人は、生き残れない時代がそこまで来ているのです。

そこで本書では、**職場におけるストレス体験を、レジリエンスを鍛える機会として捉えました。**「負荷トレーニング」のように、職場でのストレス体験により心理的筋肉を鍛錬するのです。ストレスに悩まされるのではなく、そのたびに先に解説した7つの技術を反復練習して、レジリエンスの底上げを図るのです。

これは、ハードに仕事をしながらも、心が疲弊することがない人たちがもっている習慣でもあります。一流の人たちは、ストレスや逆境のたびにレジリエンスを鍛え、強くたくましく成長する習慣をもっていたのです。

それが、前のページでも紹介した次の3つです。

① ネガティブ連鎖をその日のうちに断ち切る習慣
② ストレス体験のたびにレジリエンス・マッスルを鍛える習慣
③ ときおり立ち止まり、振り返りの時間をもつ習慣

これらの習慣を身につけ、ハードに仕事をしながらもレジリエンスを底上げする働き方を理解していただくために、次の章から職場における代表的なストレス体験の事例とその解決法として、レジリエンスを高める技術をどのように活用できるかを具体的に解説していきます。

皆さんがハードに働き、仕事で充実し、幸せになるための新しい働き方をスタートさせるための、よい参考になると思います。

■ハードワークでも心が折れない人の３つの習慣

３つの習慣	レジリエンスを高める７つの技術
ネガティブ連鎖をその日のうちに断ち切る	＜ステップ１＞ ①ネガティブ感情の悪循環から脱出する ②役に立たない「思い込み」を手なずける
ストレス体験のたびにレジリエンス・マッスルを鍛える	＜ステップ２＞ ③「やればできる」と信じる自己効力感を身につける ④自分を特徴づける「強み」を活用する ⑤心の支えとなる「サポーター」をもつ ⑥感謝のポジティブ感情を高める
ときおり立ち止まり、振り返りの時間をもつ	＜ステップ３＞ ⑦痛い体験から意味を学ぶ

第1章

ネガティブ連鎖を断ち切る習慣

ハードに働くまじめでがんばりやな社員

ハードワーカーとして思い出すのが、広告代理店の社員です。

私は前職で高級化粧品ブランドＳＫ－Ⅱのマーケティング責任者として、ＴＶや雑誌広告の企画・制作を主な仕事としていました。メディアを通して広告を流すためには毎月億単位の巨額な予算が必要です。広告に多大なお金を投じても、広告自体が貧弱な内容で商品の良さが伝わらないと意味がありません。広告代理店と一緒に優れた広告を作ることは、私にとって大切な業務でした。

Ｐ＆Ｇにいた16年間で携わった広告は１００本以上になります。ひとつの広告を作るためには、ストーリーボード会議や撮影前後の会議など非常に多くの打ち合わせが必要です。広告代理店のチームの皆さんと、毎日のようにコンタクトしていました。その経験から、広告代理店の仕事がいかに大変で、華やかに見える代理店の社員には実はまじめでがんばりやなハードワーカーが多いことを知っています。

P&Gでは、代理店同士を競い合わせて優れた広告案を採用する「コンペ」は行わず、ひとつのある広告代理店を長期的なパートナーとしていました。

ブランド作りは地味で長期的な作業の積み重ねであり、広告キャンペーンをはじめとする全てのメッセージには一貫性が必要です。そのため、同じチームと長期にわたり仕事をすることがブランド作りの成功の鍵であると考えていたのです。

ただ、パートナーとして選ばれた広告代理店には、大きなプレッシャーがかかります。P&Gの社員は要求度が高いので、パートナーだからといって容赦はありません。常に高い期待をもち、成果のハードルの高さを下げることなく、厳しい態度で接していたので、P&Gをクライアントにもつ代理店チームにとっては、「逆境の連続」だったと思います。

広告代理店に限らず、クライアントのニーズに応えるためにハードに働かなくてはいけない業界に勤務する人は少なくありません。クライアントに振り回されることもあるかもしれませんが、仕事の達成感も強く、やりがいのあるビジネスだと思います。

しかし、業務内容がハードで残業も多いからこそ、働き方には注意が必要です。セルフマネジメントの習慣を早期に身につけないと、長いキャリアを全《まっと》うできないからです。

事例1

ストレスを飲酒で紛らわせる広告代理店勤務の男性

ある有名な広告代理店で働く男性のAさんは、長い労働時間と対人関係の仕事によるハードワークで生まれたストレスに悩んでいました。月100時間超えの残業が続き、さらにクライアントからのプレッシャーもあり、プロジェクトを抱えているときのストレスにはかなりのものがあったそうです。

Aさんのストレス解消法といえば「アルコール」でした。お酒以外の有効な解消法を知らなかったのです。平日にもかかわらず、朝方まで飲んでしまうこともあったそうです。飲みすぎと過労で体調を崩し、最前線の職場から退くという、苦い経験ももっていました。肉体的・精神的疲労が強いため、休養が必要なことは自分でもわかっていました。ところが、仕事のない休日は、休息よりも遊びを優先させてしまいがちだったのです。遊ぶのも仕事のうちという職業柄、無理してしまった部分もありました。遊びがストレス発散になればいいのですが、逆に体に疲れをためてしまい、週末を終えることも多々でした。平日のストレスをその週のうちに解消するというリズムがなかったのです。

また、イライラした気持ちのままお酒を飲み過ぎると、怒りっぽくなったり周囲に絡んでしまったりと、役に立たない衝動的な行為があることもうすうす気づいていました。飲みすぎないための工夫もしていましたが、手軽にストレス発散できる魅力に負け、なかなかお酒以外の有効な解決法を見つけられずに何度も同じことを繰り返していました。ただ、年齢的にもいつまでこの働き方ができるのかと心配で、現在のライフスタイルに危機感を感じていたのでした。

真の課題は…

会社でのストレスを解消するためにアルコールに頼るというのは、よくある話です。お酒の力を借りれば、嫌なことも忘れることができると信じているからです。

飲酒自体に問題はありません。気分のリフレッシュとしても、職場の仲間とのつながりを深める娯楽としても、お酒を楽しんで飲む目的はさまざまなものがあると思います。

真の課題は、ハードな仕事のストレスから生まれる「ネガティブな感情」に本人が気づ

いておらず、何も対処していない点にあります。このままではネガティブ感情が解消されず、健康のリスクなどにつながる怖れがあります。

レジリエンス・トレーニングでは、レジリエンスを高める基礎として、自分のストレス体験から生まれたネガティブ感情を知るために「感情のラベリング」を演習として行ってもらいます。皆さん、意外に自分の感情のパターンについて知らない人が多いのです。海外ではSEL（社会性と情動学習）と呼ばれる感情を勉強するプログラムが学校に導入されているのですが、日本ではまだほとんどなく、感情について理解する機会をもっていないのです。

たとえば、本書の巻末に付録としてある「感情カード」を使い、Aさんの仕事におけるネガティブな感情をラベリングするとしたら、何が見出されるでしょうか？

まず、激務をこなすことにより生まれる「**疲労感**」があります。これは必ずしも肉体的な疲労と同じではありません。**過度な仕事や欲求や継続的なストレスが重なる**ことで生まれる、心理的かつ感情的な消耗感です。体は疲れていなくても、心が消耗していることがあるからです。

Aさんの場合は、クライアント相手の仕事なので、仕事の内容や時間を自分でコントロールできないことが多いのではないかと思われます。**他人にコントロールされることが続くと、「自己決定感」が低下してモチベーションや満足度が低減するだけでなく、無力感を感じることもあります。**特にうまくいかないことが続くと、無力感が無気力を招き、悲観的な考えが頭の中に渦巻くこともあります。

「ストレスは寝て直す」という考え方がありますが、肉体的な疲労は睡眠をとることで回復できたとしても、心理的な疲労感までなくなるかどうかはわかりません。ネガティブ感情はしつこく、無意識のうちに繰り返されることも多いので、睡眠中に疲労感が反芻され、ぐったりと疲れて朝を迎えるということもありえます。

実は、私もある時期に仕事での過剰なプレッシャーと連続した失敗体験が原因で、精神的にかなり疲労したことがありました。「ゆっくり休暇でもとったら」と言う妻のすすめに従い、家族でインドネシアのバリ島に行き、空港から1時間ほどの山間にあるウブド村という閑静なリゾートで休みをとることにしました。

日本人に人気のホテルに宿泊したのですが、閑散期にあたったため客も少なく、好運にもサファイヤグリーンのメインプールはほぼ私たち家族の貸し切り状態でした。絶好のロケーションで、子どもたちはキャッキャと騒ぎながら元気に泳いでいたのですが、私は仕事のことで頭がいっぱいで、リラックスできずにいました。

プールサイドから移動して、ホテルのスパでマッサージをお願いしたのですが、体は癒やされながらもやりかけの仕事が気になり、心の疲労感は解消できないでいたのでした。

疲労感を解消させる正しい方法

疲労感を解消する方法が間違っていたことを知ったのは、私自身がイローナ・ボニウェル博士から直接レジリエンス・トレーニングを受けたときのことでした。博士はこう言いました。「現代人によくある疲労感や苛立ち、将来の不安や心配といったネガティブ感情を解消するためには『**気晴らし**』が必要です」

気晴らしとは、感情を別のものにシフトすることです。なぜ気晴らしが必要なのかというと、ネガティブな思考・感情には「粘着性」があるからです。私たちの注意を惹き付けて、目を離させないのです。

たとえば、電車の中吊り広告における週刊誌の見出しを思い出してください。有名人の誹謗中傷や中国・韓国政府に対するバッシング、さらには直近に起きた悲惨な事件や事故など、「これでもか」というほどのネガティブな言葉が並んでいます。

その理由は、ネガティブな言葉は人の目を惹き付け、週刊誌の購買行動に結びつくことをメディアの送り手側が熟知しているからです。同じことが新聞のＴＶ欄でのニュース番組の見出しや、インターネットにおける記事やブログのタイトルでもいえます。ネガティブな見出しのほうが視聴率やアクセス数につながるため、送り手側がより否定的な言葉を使いたがるのです。

これは「**ネガティビティ・バイアス**」という心理学の研究でも実証されている心の作用です。私たちの脳には自分や家族を危険から守るための防衛機能が備わっていて、ネガティブな情報に敏感に反応するようになっているのです。その結果、ネガティブな情報はより長く記憶され、ネガティブな体験はより強い印象をもって脳に記憶されるようになっているのです。

ただ、何事にもバランスが大切です。この防衛機能が過剰に働くと、ネガティブな情報に敏感になりすぎてしまいます。それは外側から来る情報だけではありません。ネガティブな体験の記憶が心の中で繰り返され、ネガティブな感情に悩まされることになるのです。私の場合も、バリ島の素晴らしいホテルに身を置きながらも、頭の中はネガティビティ・バイアスの罠にはまり、ネガティブ連鎖が起きていたのでした。

この罠から抜け出るのはかなり難しい、というのが私の実感です。しかし解決策はあります。レジリエンス・トレーニングの良い点は、問題の原因を教えるだけでなく、その解決方法も提示してくれるところにあります。その一つが「気晴らし」なのです。

残業が多い人に有効な解決策

ハードな仕事でストレスがたまり、その発散法として飲酒に頼っていたAさんの問題は、心身の消耗感からくる「**疲労感**」でした。そしてストレスが重なることで、以前に経験した過労による病が再び起きるのではないかという「不安」というネガティブ感情も発生していました。

「このまま健康を維持できるだろうか……」と不安になるのは当然です。多くの企業は、定年を65歳まで延長しています。Aさんが勤務する企業でも同じです。仮に今35歳だとしても、キャリアは30年も残っています。長いキャリアの折り返し地点にも達していないのです。そのマラソンのような長期間を働き続けるには、丈夫な体と健康が必要となります。さらには、心の健康状態も管理しなくてはいけません。

そのためには、「ネガティブ感情の気晴らし」を習慣とする新しい働き方が喫緊の課題となるでしょう。特にAさんは体調を崩した経験があるので、癖になる前に対処しておく必要があります。

アルコール任せのストレス解消法はやめて、疲労感や不安などのネガティブ感情に焦点を定めて、それらを長引かせないための習慣を仕事や生活の中に組み込むことです。

ただ、気晴らしといっても「ネガティブなことを考え始めたら、ポジティブなことを考えなさい」というポジティブ・シンキングとは異なります。頭を使って新しい考えに切り替えようとしても、なかなかうまくいかないからです。少なくとも、私はそれで成功したためしがありません。ネガティビティ・バイアスに対抗できるだけの強い意志力をもっている人は稀です。

そこで有効なのが、**体を使った気晴らし**です。考えや気持ちを切り替えるためには、まずは体を動かしてみることです。できれば、自分が熱中できるようなことで、ライフスタイルにも合って続けられるものが最適です。

効果的な「気晴らし」の方法には4つの系統があることを紹介しました（26ページ参照）。これらは主に、手足を動かすことにより、ネガティブな感情から意識をシフトさせるアイデアです。

このなかでも残業が多いAさんのような人におすすめなのが「運動系」のエクササイズです。ジョギングやウォーキング、水泳やフィットネスなどのエクササイズです。これらは全て一人でもできるものなので、空いた時間を見つけて行うことができるでしょう。

経営者の間で走ることが流行っています。私が昔お世話になった上司も、現在はトップマネジメントとして多忙な生活をされていますが、毎朝会社に出社する前にジョギングをする習慣をもっていました。海外に出張に行ったときも、ホテルの近所を30分ほど走る運動は欠かさないそうです。

P&Gでは「コーポレート・アスリート」と呼ばれる研修が、経営幹部を中心に導入されていました。「ビジネスパーソンは長いキャリアを走りきるためには、マラソン選手のようにセルフマネジメントしなくてはならない」という方針のもと、いかにイキイキと長い期間を働くかをテーマにした身体・感情・思考・精神を向上させる習慣が推奨されたのです。

その研修を受けた経営幹部は、すぐに喫煙習慣をやめ、週に数回ジムに通い運動をするワークアウトを始めました。

長いキャリアを全うする健康維持のためにも、ネガティブ感情を気晴らしする目的でも、仕事の前や後に運動をする習慣はとても役に立つものだと思います。

事例2

「アンガーマネジメント」をする怒りっぽい社長

私がよく知り、尊敬もしているB社長の悩みは、**怒りのネガティブ感情をコントロールできない**ことでした。

その社長は社員の誰よりも熱心に働く、ハードワーカーです。過去には苦難を乗り越えて、父親から引き継いだ会社を大きな赤字から建て直した逆境力のある経営者でもあります。ただ、困ったことに、自分の会社の社員の足りないところが目についてしまうのです。

たとえば、社長と幹部社員が集まる定例会議が週に1回あるのですが、前の会議で課題として指示した仕事ができていないことがあるそうです。社員が手を抜いたりさぼったりしたわけではないことは頭ではわかっているのですが、それでも「なぜ指示したことができていないのだ、時間の無駄だ！」とつい頭に血が上って怒ってしまうのです。

社長が怒ると、社員が萎縮して元気を失い、職場の活気がなくなるだけでなく業務のパフォーマンスも下がることを本人は承知しています。しかし怒らずにはいられないのです。会議の後は「また怒りの感情をぶちまけてしまった……」と自己嫌悪に陥ってしまうそうです。

思いやりと感謝の情が深い社長だけに、会社をどん底から立て直した仲間である社員に対する、自分の衝動的な行動に罪悪感を感じ、自分自身にますます腹が立つといった、ネガティブ連鎖が続いてしまうのでした。

怒りの感情に悩む人には、心理学で「**タイプA**」と呼ばれる人が多いのではないかと思います。競争心が強く、効率にこだわり、無駄なことを何よりも嫌う傾向の人です。いわゆる「**せっかちな人**」が、このタイプに当てはまるかもしれません。

すぐに頭に血が上ってカーッとなってしまう「瞬間湯沸かし器型」でもあります。感情のアップダウンが激しく、怒りで顔が真っ赤になってほてったと思いきや、すぐにサーッと血の気が引いて血圧も上下し、自律神経やホルモンも乱れがちとなり、心臓への負担も無視できません。

このタイプは仕事で成功する人が多い一方、心臓病や突然死のリスクがあることがわかっています。ゆったりとした「タイプB」と比べると、心疾患発症頻度が2〜3倍あることが長期研究の結果、判明しているのです。

「白黒思考」をなだめるには？

この社長の課題は、会社でのネガティブ連鎖を断ち切るために、怒りの感情に対処する「アンガーマネジメント」を行うことでした。怒りの感情を解消するための「気晴らし」の方法を探ることが本来の順序ですが、この社長の場合は怒りの感情の問題がかなり根深いため、その根本原因を探るためにレジリエンスを高める第2の技術である「思い込み」は何かをつきとめるための分析を行いました。

レジリエンス・トレーニングでは、ネガティブな感情の原因として思考パターンがあると考え、それらの代表的なものを7種類の「思い込み犬」としてわかりやすく教えています（28ページ参照）。

社長の内面にいる「思い込み犬」を分析したところ、「**批判犬**」が棲みついていて、会議中に吠えていたことが判明しました。

「批判犬」とは、他人を非難し批判する傾向がある思い込み犬です。「それは彼らの責任だ！」「時間と労力の無駄だ！」「もっと要領よく進められないのか！」と心の中で吠え、非効率で曖昧な状況に耐えられず、物事を極端に考える「**白黒思考**」をする点が特徴です。結果として、怒りのネガティブ感情を生み出します。

この社長は、経営者としての実務経験が非常に豊かな方でした。そのため、業務上のリスクを先読みできない幹部や、落とし穴を見逃している社員を目にすると、「なぜできないのだ！」と足りない面に注意が向けられて、つい「批判犬」が吠えてしまったのです。

社長の心の中にいつ「批判犬」という怒りのネガティブ感情の原因となる思い込み犬が棲みついたのかは興味深い謎ですが、レジリエンス・トレーニングを行う上では深層心理を解明する必要はありません。それがマネジメント上の障害となっているのであれば、速やかに「**批判犬**」という思い込みへの対処策を考えてアクションをとることが優先課題です。それには3つの選択肢があります。

まず、**思い込みが自分にとって役に立たないもので、間違っていると感じられれば、意識的に「追放する」ことが正解です**。鎖を断ち切って、その思い込み犬を手放せばいいのです。一度追放したら、それは自分の思い込み犬ではありません。何を吠えても無視をすることが肝要です。

ただ、その**思い込み犬が吠えている内容が正しい場合があります**。そのときには「**受**

容」して、ワンワン吠えていたとしても素直に受け入れる。これが2つめの選択肢です。

3つめの選択肢が、その思い込み犬の吠えていることには全面的には賛成できないけれど、ときどき内容に一理あると思える場合で、「**訓練**」することです。実は、社長にとっては、この選択肢が当てはまるものでした。

社長が内面に飼っていた「批判犬」は、「あの社員はもっと仕事の無駄を省くべきだ！」などと吠えることが多かったのですが、これは部分的に正しいことでもありました。「批判犬」の言うことに耳を傾けるべきこともあったのです。

たしかに、約束した仕事を社員が終えることができなかったり、準備を怠ってミスをしたりした場合は、経営者として怒りの感情を感じるのは当然のことでしょう。その感情をグッと抑えていては、社員も育ちませんし、社長本人にとっても感情を抑圧することになり、体にもよくありません。

「私の中にいる犬は、そのまま受容することはできないが、追放すべきものでもない。過剰になったときにうまくなだめることで、これからもつきあっていかなくてはならない」と社長は考え、批判犬を手なずける選択をしました。合理的な選択だったと思います。

イラッとしたら早足散歩をする習慣

次に考えるべきは、「批判犬」が騒ぎすぎたときにどう手なずけるかについての具体的な方法です。「批判犬」をクールダウンさせる新しい習慣です。

「怒りを感じたときは、どんな方法で気晴らしをするのですか?」と社長に聞くと、「自宅に帰ってからベンチプレスをしています」とのことでした。ストレスをためないために、帰宅後、自宅の一室にある簡易ジムでベンチプレスをして汗を流す習慣をもっているとのことでした。「とてもすっきりします」と言っていました。

ただ、社長室や会議室の片隅にジムを設置してバーベルやダンベルを置くわけにもいきません。会議中にカッとなったときに、筋トレをするのも無理があります。そこで提案した「批判犬」の手なずけ方が「**早足散歩**」でした。

怒りの感情が発生すると、まるでその人から怒気が発散され、伝染したかのように、まわりの人もイライラしてくるものです。それは怒っている本人も同じです。また、怒りの対象となる相手の顔や弱々しい態度、または反省の色が見えない表情を見るだけで、新たな怒りが込み上げてきます。怒りのネガティブ連鎖が発生するのです。

そこで、まずは**その場を離れて散歩をする**ことをおすすめしました。会議中であれば、**「少し休憩時間をとろう」と提案して、席を離れて会議室を出る。**「これなら社長である私がするのは簡単です」と言っていました。

ただ、そこでタバコを吸いに行ってはいけません。喫煙はストレス解消の嗜好品ですが、しつこいネガティブ感情はタバコを吸うくらいのことではなかなか消え去りません。体を動かして、怒りの考えから意識をシフトすることが必要です。散歩のほうがはるかに効果的です。

この早足散歩は、臨床心理の専門家もすすめる気晴らしのエクササイズです。私がこの方法について知ったのは、P&Gに勤務していたときにある同僚に散歩に誘われたことがきっかけでした。

ポールというその英国人は、年齢が私よりもひと回り上のベテラン社員で、当時P&Gが大型買収を行ったひげ剃りで有名なジレット社の社員でした。ジレット時代は執行役員クラスのエグゼクティブでした。買収後は他社からのオファーがあったと思われますが、ジレットの何倍もの規模のP&Gではより大きなスケールの仕事ができることから、他社に転職はせずにP&Gに残って仕事をすることを前向きに選択したのでした。

しかし同じアメリカ企業でも、P&Gとジレット社では仕事の進め方から社内言語まで違っていました。数々の予期せぬ変化にときおり苛立ちを感じることもあったそうです。しかし「なぜ買収されたのか」と不満を感じても、文句を言う相手も社内にはいません。悶々とした気持ちを発散する対象もいません。リーダーとして明るく振る舞わなくてもいけない。

そこで始めた習慣が、ランチ後の早足散歩でした。新しい会社での慣れないやり方からくるストレスを、この習慣によって適切に気晴らしをしていたのです。

私は定期的に、ポールと昼食を食べるようにしていました。一流企業であるジレット社の幹部としての仕事の経験が長い彼のものの見方は、P&G流のビジネスのやり方しか知らない私にとってはとても新鮮で、学ぶべきことが多かったからです。

サンドイッチをほおばりながら、ポールは「なぜP&Gの人は理屈っぽく議論ばかりしていて、すぐにアクションをしないのか」「会議が多すぎて長すぎる。もっと効率化できるのではないか」などと批判をすることも珍しくはありませんでした。おそらく彼の内面には「批判犬」が棲んでいたのでしょう。

ランチを食べ終えると、オフィスのまわりをぐるっと一周することが常でした。1キロほどの距離を10分ほどかけて黙々と歩くのです。そこでは、批判めいた話は一切ありませんでした。ただ歩き続けるのです。

ポールは50代になっても週末に息子のサッカーチームのコーチをするほどの健脚で、私はその彼のスピードについていくのが大変でした。オフィスに戻る頃には嫌なことはすっかり忘れ、爽快な気分で午後の仕事に取り組むことができたのでした。

早足散歩の効果

早足散歩は、スピーディーに歩くことのエクササイズ効果に加え、呼吸の乱れを正す作用も兼ねた、運動系と呼吸系を合わせた素晴らしいネガティブ感情の気晴らし法です。

アンガーマネジメントが必要な社長に、その根本原因である「批判犬」を手なずけるために私がこの早足散歩をアドバイスしたところ、勉強熱心な社長はすぐに実行に移しました。効果はすぐに見られ、散歩後の会議では、以前ほど怒り続けることはなくなったと聞いています。

会議で不満や苛立ちを感じたときに、「ちょっと休憩にしよう」と言ってしばらく外を散歩する習慣を取り入れただけで、怒りの感情がコントロール可能なレベルにまで落ち着き、会社全体が明るくなったのです。

ただ、それでもときどきカチンときて頭に血が上ることがあるそうです。そのときは、しばらくしてクールダウンした後に、LINEなどを使って社員に謝ることもあるそうです。誠実で社員思いの社長と働ける社員の方は、ある意味で幸せだと思います。

早足散歩は、パートナーや家庭内での口論のときにも役に立ちます。お互いに一歩も譲らない膠着状態になると、相手の顔を見ているだけで腹が立つこともあるでしょう。

そんなときは「少し頭を冷ましてくる」と言って外に出て、近所を早足で歩きまわる。コンビニに寄って、飲み物を買ってもいいでしょう。ただ、歩いている間は、相手の言ったことなどを思い出さずに、歩く行為と呼吸の流れに意識を集中することがコツです。自宅に戻る頃には、頭もクールダウンして、より優しい自分に変わっているはずです。

事例3 「ストレスの宵越し」をしない習慣

ある地方の大学で事務職員をされている女性のCさんは、ハードワークが続き、精神的にかなりまいっている状態でした。大学では人手不足が続いているようで、事務方には大小さまざまな仕事が寄せられ、キャパシティをオーバーするほどの業務量だったのです。典型的な、激務によるストレスの症状でした。

しかしながら、仕事を変えようにも地方では転職先が限られます。かといって、そのままストレスの多い境遇が続くのかと考えると、憂鬱になります。帰宅途中に八方ふさがりの無力感に襲われて、体が震えることもあるとのことでした。

そこでCさんにアドバイスをしたのが、帰宅後に「散歩」をする習慣です。前の事例の社長の場合は、怒りやイライラという「覚醒系」の感情の「気晴らし」で、いわゆる「ガス抜き」の役割が目的です。それに対して、Cさんの場合は、「この状態がいつまで続くのだろうか……」という不安や憂鬱感といった「消耗系」のネガティブ感情に対処しなくてはいけなかったので、ガス抜きというよりも「息抜き」が目的となります。

「会社か自宅の近所に散歩できそうな場所はありますか？」と聞くと「自宅の裏に小さな森があります。そこで散歩したら、気分転換になっていいかも」と大変乗り気でした。

緑を見ながら散歩をすることは「**グリーンエクササイズ**」といって、軽めの運動効果と自然に触れることによる癒しの効果の両方が期待できます。仕事でのストレスや将来の不安感も、森の中で歩く習慣をもつことで和らげることが期待できました。

Cさんに特に強調してすすめたのが、「**ストレスの宵越しをしない**」ことでした。ハードな仕事によるストレスで生まれた不安や心配などのネガティブ感情は、できるだけ早く気晴らしをすることが大切です。できれば、その日のうちに、つまり夜寝る前に気晴らしをして解消することが望ましいのです。

ストレスの宵越しをせず、その日に生まれたネガティブ感情はその日のうちに気晴らしをする習慣をもつと、質の高い睡眠をとることができます。それは次の日の朝の目覚めの質の高さを確保します。気分よく新しい一日を迎えることができるのです。

目覚めの質の重要性は、心理学の調査によって確かめられています。

一般的には、仕事のストレス状態からの回復のためには、充分な休暇をとることが重要だとされています。たとえば、ヨーロッパで働く人は、夏やクリスマスにバカンス（長期休暇）をとる人がほとんどです。まじめでがんばりやが多く、有給休暇消化率が低い日本人とは大きな違いです。

しかしながら、バカンスによる回復効果はどれほどのものかは、わかっていませんでした。そこで、ドイツのある心理学者は「長期休暇における回復の効果はどれほど長く続くのか」をテーマにビジネスパーソンを対象にした量的調査を行いました。

そこでわかったのが、**バカンスの後に普段の仕事ストレスによる疲労感は解消されるのですが、その効果は一時的なもので、すぐに元の疲労レベルに戻ってしまう**ということでした。長い休暇を取っても、その効果は短期的であるということが判明したのでした。

では、どうすればいいのでしょうか？　その答えは「毎日の仕事の後、仕事から心理的に離れることが大切である」ということでした。これを「**メンタル・ディタッチ**」と言います。具体的には、オフィスを一歩出たら、仕事から心理的に「ディタッチ」して執着しないことが効果的だったのです。

この仕事から心理的にディタッチする習慣をもつ人は、長期休暇をとった人よりもはるかに元気度が高かったのでした。

憂鬱な気分で朝を迎えない

仕事から心理的にディタッチをするのは、**ネガティブ感情の気晴らしの習慣**をもつことにつながります。それには、さまざまな方法があります。

たとえば、ジョギング、ウォーキング、エアロビスク、水泳などで有酸素運動をすることは、天然の妙薬と呼ばれる良性ホルモン「βエンドルフィン」の分泌を促す素晴らしい気晴らしの習慣となります。

得意の楽器を演奏したり、好きな楽曲を鑑賞することも、気持ちの切り替えになるだけでなく、快感ホルモン「ドーパミン」の分泌を促し、多幸感を生みます。

ヨガや瞑想などの呼吸を整える伝統的な手法も、抗ストレスの秘薬と呼ばれる「セロトニン」を脳内に分泌させます。

夜寝る前に、自分がその日に感じたことを書き出す「**ライティング**」もネガティブな感情の鎮静化の作用があります。自分の内面でぐるぐると繰り返されがちな感情を外に向かって「表出」することが目的です。

これらは全て、効果が実証されているネガティブ感情の気晴らしの方法です。仕事モードからプライベートモードに心をスイッチし、仕事への執着心のディタッチに役立ちます。

これらの気晴らし法のうち、自分の好みやライフスタイルに合ったものを選び、ストレスをその日のうちに解消するポジティブな習慣をもつと、質の高い睡眠が待っています。ネガティブ感情にとらわれることなく「今日もいい一日だった！」と満たされた気分で眠りにつくと、次の日の朝の目覚めが違ってきます。

そして、**目覚めの質がその日の幸福度を決定づけることが調査でわかっています。**日中の仕事でのエンゲージメント（意欲）の高さと朝の目覚めの爽快さは関連することがわかっているからです。**憂鬱な気分で朝を迎えないことが、幸せな一日を決定づけるのです。**

「未来ストレス」が憂鬱な気分をつくる

実は、レジリエンスを習得する前の私は、かなり憂鬱な気分で朝を迎えていました。初めての海外勤務で重責を負っていた頃のことです。日本にいたときよりもハードに働いていたのですが、度重なるトラブルへの対応や予想外のビジネス上の危機への対処で、心が休まる暇《ひま》もありませんでした。上司の高い期待に応えることができず、ストレス度の高い毎日を送っていました。体調も悪化し、肩こりや腰痛、腹痛や頭痛に悩まされていました。妻にすすめられて、バリ島に休暇に出かけたのもこの頃です。休息をとっても、朝の目覚めは優れず、憂鬱な気分で朝を迎えていました。

その原因は、**不安と罪悪感のネガティブ感情**だったと今では気づいています。「この状態で自分の将来は大丈夫なのだろうか」という「**未来ストレス**」から生まれる不安や、「業績の遅れは責任者である自分のせいだ」という自責の念から生まれる罪悪感が頭の中で勝手に繰り返されていたのです。

不安と罪悪感の根本原因には、私の内面に以前から棲みついていた2匹の「思い込み犬」がありました。「心配犬」と「謝り犬」です。仕事での問題がきっかけとなって、ワンワンとうるさく吠えるようになっていたのです。

夜にベッドに入った後でも、仕事で体は疲れているのに頭が緊張してなかなか眠ることができませんでした。2匹の思い込み犬が騒がしく吠えているので仕方がありません。いわゆる睡眠障害の傾向に悩まされ、睡眠補助薬に頼ることも多かったのでした。

その当時の私の願いといえば、「朝までぐっすり眠ることができたらいいのに……」というものでした。ビジネスでの成功や昇進やお金持ちになることではなく、朝に幸せな気分で目覚めるという、ささやかなものだったのです。

私の独自の気持ちの切り替え法

レジリエンスを身につけた現在の私は、いつも幸せな気分で朝の目覚めを迎えています。自分なりの気晴らしの習慣をもつことで、ネガティブ感情を次の日に持ち越さないようにしているからです。憂鬱な朝を迎えていたときの頃のことを思うと、気分よく新しい一日を迎えることができる今の状態にとても感謝しています。

私の気晴らし法といえば、インドアなものが中心です。

たとえば、座って仕事をするデスクワークが多いので、帰宅後には自宅のマンションに併設された小さなジムにあるランニングマシンで20分ほど走る「**運動系**」のエクササイズをしています。夜寝る前には「**呼吸系**」の気晴らしである瞑想をしています。

さらに「**筆記系**」の書くことによる気晴らしも行っています。ストレスを感じるような嫌なことがあると、使用済みのコピー用紙の裏面に思いのままにライティングして、頭の中で生まれたネガティブな思考や感情を文字にして外に出すことをしています。文章としては支離滅裂であったとしても気にすることなく、ただ書き続けます。腕が疲れても、書き続けます。「ま、いいか」と気にならなくなるまで書く手を止めません。

これは「**ライティング・セラピー**」という手法です。日記形式で書くこともよいでしょう。または、自分が苛立っている人に向けて手紙形式で想いを綴《つづ》るという方法も考えられます（もちろん、その手紙を相手に送ることはおすすめしません）。

感情を内面に押し込めてフタをせずに、外に表出するライティング手法は、脳にもポジティブな効果があるようです。

怒りや恐れといった「基本感情」は、原始脳と呼ばれる脳の中核部分で発生しますが、かなり衝動的なもので、コントロールがしにくいのです。ただ、書くという行為で理性や想像力を司る大脳新皮質が活発化し、感情を司る原始脳から脳の働く部位が変化します。

ライティングを続けることで感情が鎮静化し、さらに感情を表出化することで、複雑で絡み合った感情を整理することも可能になります。自分に起きた出来事をより前向きに捉え直す「再解釈」の効果も得られます。

作家は、頭脳作業で頭が極度に疲労するため、悲観的になりノイローゼになりやすいと言われています。ただ、本の執筆というライティングの作業を通してネガティブ感情を外に出すことで、何とか精神的なバランスが保たれているということもあるようです。これは、同じように脳を駆使する他の知識労働者にも当てはまることかもしれません。

事例4

書くことでストレス解消するコールセンターの女性

書く気晴らしの方法といえば、コールセンターで働いている女性のDさんから聞いた話を思い出します。Dさんは、転職してから、怒りっぽくなることも、ストレスを感じることも少なくなったと言っていました。

業務内容が変わったわけではありません。以前の仕事も別の会社のコールセンターでの電話の応対でした。顔の見えない不特定多数の相手から電話を受けるこの仕事は、質問に答えられないことの不安や、不満や怒りの感情をぶつけられることへの恐れ、そして「なぜ私が怒られているんだろう、理不尽だ」と感じたときの怒りなど、ネガティブ感情がつきものです。決して精神的に楽ではない、ハードでストレス度の高い仕事です。

同じハードワークであるにもかかわらず、なぜDさんはストレスを感じなくなったのか、その理由が知りたくなり、質問を重ねました。

環境面では、残業が少なくなった、給与面での待遇が良くなったことが挙げられました。ただ、それだけで匿名の相手から電話越しにネガティブな感情をぶつけられても、ストレスを引きずらなくなるほどの変化が生まれるとは思えません。何がポジティブな変化を生み出したのか。どうしてネガティブな体験を忘れるようになったのか。

その答えは「受注日誌」でした。

クレームの電話を受けたときは、その内容をすぐに備忘録として書き出す仕事の習慣を、新しく転職した職場で始めたからです。クレームは裏を返せば顧客の望みを知る貴重な情報ともなります。そこで、会社として記録に残そうとスタッフ同士で相談し、受注日誌の習慣を開始したのでした。

ゆっくりしているとすぐに電話がかかってくるので、少なくとも要点だけをメモするようにしているそうです。そうすると思考の整理ができるのです。そして書き留めたことは忘れ、脳の短期記憶のスペースを空けておくので、客からのクレームの内容が長期記憶に留まることはないのです。受注日誌の副次的な効果として、ネガティブな思考や感情を内面に留めておかない「筆記系」の良質な気晴らしの習慣ともなったのでした。

誰かから言われたからではなく、主体的にこの受注日誌を始めたことも、良い結果の一因となっていました。たとえば、営業社員が上司に命じられて書く営業日誌であれば、日誌自体がストレスの原因となることもあります。Dさんの場合は、スタッフ全員で自発的に始めたアイデアだったので、ストレスにはなりませんでした。

このようにネガティブ感情の気晴らしは、その日のうちに行うことが理想的です。ストレスの宵越しはしないことです。

ただ、ハードワークをしている人は、そのような時間の余裕をもてない人もいます。その場合は、**少なくとも次の週に持ち越さないように週末に気晴らしをすることをおすすめします**。そのいい例が、土日にスポーツをすることです。

事例5

スポーツ少年団の監督で「燃え尽き症候群」を予防

ある通信会社に勤務する男性のEさんは、エンジニアをしていました。Eさんが若い頃は、予期せぬトラブルが多く、お客さまからの苦情も頻繁にあり、ハードで厳しい仕事だったそうです。

会社のサポート体制も整っておらず、ほとんど自力で問題解決に当たらなくてはなりませんでした。上司の助けもあまりなく、部下も配属されず、孤軍奮闘する日が続いたのでした。

それでもハードワークをやり続けることができたのは、本人の強みである「忍耐力」が活用されたからでした。しかしながら毎日の仕事ではストレスが多く、かといって誰かに相談できるわけでもなく、疲労感がたまる一方でした。

自分でコントロールできない状況が続くと、疲労感に加えて無力感も芽生え、しまいには「バーンアウト」（燃え尽き症候群）に進展するリスクがあります。「自分は燃え尽き寸前でした」と、当時の状況を振り返ってEさんは語っていました。仕事のストレスで心身ともに消耗していたのです。

睡眠を充分にとっても休暇をとっても、どこかに疲れが残る。それは体の疲れではなく、心の疲労だったのだと思われます。脳のストレスが癒やされずに残っていたのです。

Eさんの救いとなったのは、小学生の息子のために始めた毎週末の少年ソフトボールチームの監督でした。少年団の監督は大変です。土日に練習や試合があるので、仕事での出張にも支障をきたします。平日は週末に向けて練習メニューを考え、試合があれば選手のポジションや打順、戦術を考慮し、他チームの監督との集まりや交渉ごとにも参加しなくてはなりません。練習での筋肉疲労で、週末明けの朝には体のあちこちが痛みます。

しかし、平日のハードな仕事と休日のソフトボールの監督という「二足のわらじ」を始めてから、心の内側にあるモヤモヤしたものが少しずつ消えてなくなるような気分の変化があったそうです。そして「自分の中に活力が戻ってきた感覚があった」といいます。

バーンアウト寸前にまで追い込まれた激務による逆境でしたが、息子のソフトボールを手伝う週末の習慣が、平日の仕事からディタッチし、仕事で蓄積したストレスやネガティブ感情の気晴らしとなり、活力まで取り戻すことができたのです。

特にソフトボールのような打撃系スポーツは、ストレスの発散になります。また、グランドに出て適度に日光を浴びることは、メンタルヘルスにプラスの効果があります。日照時間の短い秋冬には気分が落ち込む「SAD（季節性情動障害）」が起こりやすいのですが、その防止にもなります。

さらには、子どもたちのために自分の時間や経験を捧げる行為は「利他性」にもとづいた向社会性行動です。喜びや誇りのポジティブ感情が、ネガティブ感情を打ち消す効果があったのだと思われます。

そのまとめとして「息子の少年団の監督を引き受けたおかげで、私は燃え尽きから救われました」とEさんは語っていました。

おすすめできない気晴らし法

仕事でのストレスを起因としたネガティブ感情の気晴らし法として、あまり**おすすめできないのが「飲み会」「カラオケ」「ギャンブル」の3つです。**

職場の同僚と仕事後に飲みに行くことは、よくあることです。仲間との交流には役に立ちますが、感情の気晴らしには向いていません。アルコールが入って気が緩むと、会社への不満や上司についての愚痴が出てしまい、仕事での嫌な気分を思い出しかねないからです。

カラオケも同じです。仕事仲間と一緒にいると、仕事からディタッチすることができません。ただ、歌う行為そのものは「音楽系」の気晴らしですので、友人や家族とカラオケに行けばプラスの効果が期待できます。一人カラオケで気分転換するのもいいでしょう。

ギャンブルは、ビジネスパーソンが陥りやすい「誘惑」です。パチンコや競馬・競輪などの賭け事をしているときは、私たちの脳には快感物質「ドーパミン」が分泌されます。期待感やワクワク感が増幅され、それまでのストレスを忘れてしまうかのように感じます。**ただ、それは錯覚であり、ネガティブ感情が癒やされたわけではありません。**脳がドーパミンによる快感に一時的に酔っているだけです。

ドーパミンは多幸感を生み出しますが、このホルモンの問題はそれが目標を達成した瞬間に消えてなくなることにあります。望んでいたものを手に入れたときに、幸せではなく「むなしさ」を感じてしまうのです。

ギャンブルで勝利に向かっている間は「勝つことはどれほど素晴らしい経験だろう」と期待してワクワクするものですが、いざ勝利を収めるとそれほど満足を感じることができません。「あれ、おかしいな」と考えて、さらなる達成感を求めて次の賭け事にチャレンジしてしまうのです。

負けた場合は、自分が味わうべき勝利の感覚を求めて再度チャレンジしてしまう。ドーパミンの呪縛に支配されると、ギャンブルから逃れることができずに、中毒になってしまうのです。

この心理プロセスを深く理解したいという方には、大王製紙前会長の井川意高氏が書いた『熔ける』(幻冬舎)を読んでみるといいでしょう。なぜ一部上場企業のオーナー家の御曹司が、カジノで106億円ものお金を散財してしまったのか。事業で成功し、将来を期待されていた経営者が、40代の若さで刑務所生活に転落してしまったのか。誘惑に対しての「意志力」が鍛えられていないことで、人生やキャリアで失敗してしまう事例が懺悔録として描かれています。

ネガティブ感情はその日のうちに解消する

ハードワークをしている人は、ストレスも感じやすく、大変な仕事を頼まれることも多いため、ネガティブ連鎖に陥りがちです。イキイキと仕事を続けるためには、肉体的な疲労だけでなく、精神的な疲労感やネガティブな感情のセルフマネジメントが重要です。

精神的な落ち込みが続くことにもなるネガティブ連鎖を断ち切るには、まずは仕事のストレスで生まれたネガティブ感情をラベリングすることで自覚することが大切です。巻末付録の「感情カード」を使って、自分の感情のパターンを理解してください。

そして、**ストレスの宵越しをしない**、つまり**ネガティブ感情をその日のうちに気晴らしをする習慣をもつことが肝要です**。それが質の高い睡眠をすることにつながり、次の日の朝の目覚めの質を決定づけます。

朝の気分は、その日の活力に影響します。気分よく目覚めることができた人は、イキイキとした一日を迎えることになるでしょう。

ぜひ皆さんもハードに仕事をしながらも気晴らしの習慣をもって幸せに働いて下さい。

■ネガティブ感情を次の日に持ち越さない習慣

仕事でのストレスによる
ネガティブ感情を自覚する

↓

夜寝る前までに「気晴らし」をする

↓

質の高い睡眠がとれる

↓

朝の目覚めの質が高い

↓

その日の活力レベルが良好である

↓

幸せで充実した一日を送ることができる

第2章

「上司との人間関係ストレス」とのつきあい方

職場における3大ストレス

ビジネスパーソンの体験する3大ストレス

ハードに仕事をしている人は、職場においてさまざまなストレスに直面します。

厚生労働省が職場におけるストレス対策として指導している内容を参考にすると、オフィスや現場ではビジネスパーソンが体験する「**3大ストレス**」があることがわかります。

1つめが「**拘束時間の長い労働**」です。これには休息がほとんどない仕事や出張の多い仕事、そして夜勤などで生活のリズムに乱れが生まれやすい交代制業務があります。

2つめが「**緊張を強いられる業務**」で、工場などで労災リスクがある仕事、病院業務などの生命や安全に関わる仕事、そして金融業務などの正確性が強いられる仕事があります。

3つめは「**ネガティブな対人関係**」です。これは全ての業種において起こりうるストレ

■職場における3大ストレス

① 拘束時間が長い労働
・休息が限られた激務
・出張が多い業務
・夜勤／交代制業務

② 緊張が強いられる業務
・労災リスクがある業務
・生命や安全に関わる仕事
・時間・正確性・ノルマの重圧

③ ネガティブな対人関係
・パワハラ・セクハラ
・ネガティブな上司・先輩
・孤独感・孤立感

参考：厚生労働省『長時間労働者への面接指導マニュアル』

スで、最近問題になっているパワハラやセクハラ、さらにはネガティブな上司や先輩社員との人間関係も含まれます。さらには平均で3分の1を占める非正規労働者と呼ばれるパートや派遣の社員は、職場で孤立しがちで昼食時も一人でデスクランチをすることもあり、孤独感を経験することから職場でのつながりに問題が生まれやすくなっています。

仕事の満足感は上司との関係が9割

ネガティブな上司と働く人は毎日が修羅場

これらの3大ストレスのなかでも、私は**職場での人間関係の問題が最も厄介でストレスの主原因になっているのではないかと考えます。**私は個人的に、ビジネスパーソンの仕事での満足感は、**上司との関係がその9割を握っている**と考えています。

上司に恵まれた人は、とても幸せに働いています。私が今まで話をしたことのあるハイポテンシャルと呼ばれる優秀なビジネスパーソンのほとんどは、「以前に働いた上司のおかげで今の自分がある」と感謝していました。そのくらい大きな影響を与えるのです。

ところが、その逆もあります。養命酒製造が2013年に行った「ビジネスパーソンのストレスと胃腸不調に関する実態調査では、**最も胃が痛くなるようなストレスのトップは「上司との関係」でした。**養命酒を最も必要としている人は、オフィスでの上下関係に課題を抱えていた人なのです。

上司との関係が悪化すると、離職にもつながります。社員が会社を辞める最大の理由のひとつが上司との人間関係です。本人のキャリアを揺さぶる原因にもなり、軽視することはできません。特にネガティブな上司と働く場合は、毎日が修羅場となります。

ハードに働いていても、上司が自分の働きぶりを認めてくれない場合にはがっかりするでしょう。なかには自分の仕事を評価しないばかりか、邪魔をする上司も存在します。

ただ、会社は選ぶことができても、上司を選ぶことはできません。選択の余地がない場合がほとんどです。また、上司の性格や行動に問題があり、良い方向に変わってほしいと望んでも、なかなか変えられるものではありません。

私が知る限り、部下が望んだとおりに上司の態度や言動が前向きに変化したケースはほとんどありません。残念ながら、部下から上司への影響力は、あまり強くないのです。

私も、苦手な上司と仕事をしたことがあります。「自分への接し方を変えてほしい」と願っていましたが、期待すればするほど失望した苦い経験があります。これは、変えられないものを変えようとしていたからです。

レジリエンスのある人は、現実的で合理的です。**変えられないものを変えようと努力するのではなく、変えられるものにフォーカスする働き方をします。**職場での上下関係でのストレスという逆境の場合は、変えられないものは上司の性格であり、物の考え方や言い方です。

では、変えることのできるものは何でしょうか。それはその上司の言動に対して、「**自分がどう反応するか**」です。その上司の態度や言っている内容を、どのように受け止め、いかに対応するかは、自分でコントロール可能な領域なのです。

「ホットボタン」を押す上司、「クールボタン」を押す上司

私たちがネガティブな上司と仕事をしなくてはいけなくなった場合、その人に対する反応のパターンは、主に2種類に分かれます。

1つめが、その上司の言動が自分の「**ホットボタン**」を押して、自分の思い込みや感情を刺激して、怒りや不満が出てしまう場合です。頭が熱くカーッとなって苛立ってしまうので、ホットボタンと言います。

2つめが、その上司と関わるだけで元気が失われ、不安になり、自分の存在を小さく感じてしまう場合です。これはその上司の態度や言葉が「**クールボタン**」を押して、エネルギーが消耗してしまうからです。

ネガティブな感情は、「**覚醒系**」と「**消耗系**」の2つのパターンに分かれます。ホットボタンが押されると怒りや憤慨などの覚醒系の感情にスイッチが入り、クールボタンが押

■ネガティブな上司に対する2つのパターン

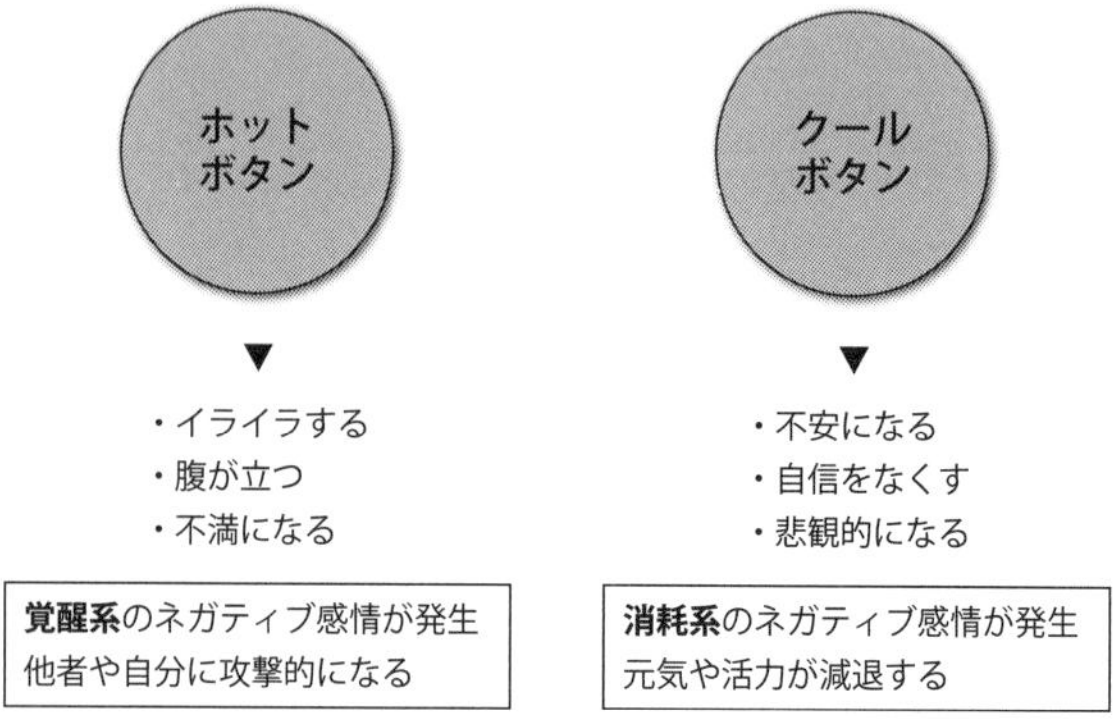

されると不安や罪悪感などの消耗系の感情がオンになってしまうのです。どちらの場合も感情を大きく揺さぶり、最後には疲れ果ててしまう点は共通しています。

それぞれのネガティブな上司についての事例を紹介します。

事例6

上司に苛立ちを感じる女性社員

Ｆさんは、上司に対してついイラッとしてしまう問題に悩んでいました。上司が「ホットボタン」を押してしまう張本人となっていたのです。

Ｆさんは大学を卒業してリサーチ会社に就職し、そこでリサーチャーとしての専門性を身につけました。その会社では多くの企業をクライアントにもち、彼らの調査を一手に引き受けるため、長時間のハードワークをしなくてはいけませんでした。年をとっても仕事を続けることを考えると労働時間の長さに不安を感じていたＦさんは、ベンチャーの気質の残る、ある大企業に転職をしました。

新しい職場では社内の仕事がほとんどで、クライアントに振り回されることもないため、これまで通り専門性を活かしながら、働き方に少し余裕が出るのではという期待がありました。

ところが、新しい会社での上司は、Ｆさんの「ホットボタン」を刺激するような言動をする相手で、別の意味でストレスを感じてしまったのです。

その上司は基本的には悪い人ではなく、Ｆさんのことも高く評価してくれていました。営業が主流のその会社では、Ｆさんのリサーチ業務はメインではないため仕事に脚光を浴びることが少ないのですが、入社半年にしてある大きな賞がＦさんに与えられたのです。その陰には、直属の上司からの高い評価があったと思われます。

しかしながら、その上司は営業畑出身ということもあり、リサーチ業務に関しての専門的知識はゼロでした。仕事の難易度や調査業務に必要なリードタイムもよくわからないままにプロジェクトの納期が決められ、Ｆさんに無理な仕事が押し付けられることが続いてしまったのです。

最初は「この納期では無理です」ときちんと伝える努力をしていたのですが、なかなか理解を得ることができませんでした。そもそも営業しか経験のない上司には専門職であるリサーチの仕事のことが明確には理解できていません。言葉が思うように通じないことで苛立つこともありました。

真剣に訴えていても、上司からは苦笑いをされて取り合ってもらえなかったり、ときにはため息をつかれることもあったそうです。「この人は若い女性の言うことはまじめに聞いてくれないのでは……」と、その上司にますます腹が立つネガティブ連鎖にはまってしまったのです。

ホットボタンが押されると、怒りや苛立ちなどの「覚醒系」のネガティブ感情が発生します。頭にカーッと血が上り、あふれ出たエネルギーをコントロールすることが難しくなります。そのイライラにフタをして解消しないままでいると、胃腸が痛くなるなどの体調不良の健康リスクにつながります。だからといって、覚醒系のネガティブ感情を発散しようとすると、人や物に危害を与えてしまう破壊リスクが生まれてしまいます。

特にイライラがたまった人は「慢性的不満」の状態に陥りがちです。ずっと不満な状態が続いているのです。良いことがもたらされても素直に喜べず、物事の悪い側面ばかりを見てしまい、さらに不満がたまってしまいます。ネガティブ連鎖が続くのです。

Fさんはこの上司との関係が原因で、この慢性的不満の悪循環の中にありました。

ストレスの代償は…

Fさんが上司との人間関係でストレスをためないために行ったのは「文句を言わない」というアクションでした。上司に苦言を伝えるのをあきらめてしまったのです。後ろ向きな選択ではありましたが、その結果、少しストレスが軽くなったそうです。

ただ、その代償として、普段よりも多く食べるようになり、体重が増えてしまいました。Ｆさんは優秀なので、他のスタッフよりも多くの仕事を頼まれており（それも上司への不満の種でしたが）、ハードワークを続けていました。その結果、体にも疲労がたまり、風邪を引きやすくなるなど、体調を崩すようになってしまったのです。

美容面に手をかける余裕がないことも、気がかりでした。もともと肌が丈夫で多少の手抜きをしても問題はなかったのですが、残業が続き、肌が荒れやすくなったのです。

仕事そのものは順調でした。ただ、プライベートの側面ではあまり満足していなかったのです。「その原因は上司との人間関係にある」と、Ｆさんは考えていました。体調不良も、肌荒れの原因も、上司に責任があるとしていたのです。ただし何を言っても「のれんに腕押し」状態で、どうしたものかと本人は途方に暮れていました。

何が真の問題なのか

Ｆさんのケースは、上司の態度と言動が「ホットボタン」となって、覚醒系の怒りのネガティブ感情が生まれ、そのネガティブ連鎖から逃れられなくなった問題です。その解消できないイライラの感情が食に対しての衝動的な行動につながり、自分を傷めるような健康リスクになったのです。さらには、プライベートな生活の満足度や幸せ感が低下してしまったのです。社内での上下関係の問題が、個人の生活にまで影響してしまったのです。

この問題を少し掘り下げると、Fさんが以前勤めていた会社と現在の会社との違いが原因の一つになっていることがわかります。

前の会社では、リサーチのプロばかり集まった専門家集団でした。上司が仕事に精通していることが当たり前だったのです。ところが新しく転職した大企業では、プロフェッショナルではなくジェネラリストな人材が多く、大きく違っていたのです。

実際、現在の上司は、経験や能力よりも口が達者なことが取り柄で昇進したのではないかと思えるような人でした。専門的な知識もなければ、自ら手を動かして部下とともに仕事ができるスキルももっていなかったのです。専門性のあるプロフェッショナルな会社の経験が長かったFさんにとっては、そのような調子のいい上司を尊敬することができないのでした。

心の中で吠えていたのは…

自分がリスペクトできない上司の命令に従うのは、Ｆさんのようなプライドの高い人にとっては大きなストレスとなります。何か指示されるたびに、「ホットボタン」が押されてしまうのです。

Ｆさんの内面を推察すると、おそらく上司と接するたびに「思い込み犬」の一つである「正義犬」がワンワンと吠えていたと思われます。「部下にはもっと正しく指導すべきだ」「上司としてもっと専門性をもつべきだ」という「べき思考」が心の中で渦巻いていたのだと予想されます。

何が公正で正しいかをとても気にして、自分の意見を曲げない頑固さがある「正義犬」は、「上司とはこうあるべきだ」「上司はそんなことをすべきじゃない」という強い価値観が根底にあります。その価値観に反するような出来事が起きると、怒りや憤慨、嫉妬などのネガティブな感情が生まれ、本人を苛立たせてしまうのです。

Ｆさんの上司からすると「なぜこの人はこんなにイライラしているのだろう？」と不思議に感じて、ときには理解できず、ため息をついてしまうこともあったのでしょう。

ただ、Fさんが自分のことをリスペクトしていないことは、表情と態度から確実に気づいていると思います。今は許容していたとしても、この状態が続くと上司が嫌になってしまい、Fさんとの関係が悪化する怖れがあります。その意味では「文句を言わない」というFさんの選択は、上下関係の悪化を防ぐ意味では賢明な選択だったのかもしれません。

でも、これは後ろ向きの反応です。上司に「ホットボタン」を押されて目覚めた「正義犬」は吠え続け、Fさんの内面にはますます不満がたまり、何の改善にもつながりません。怒りや不満の感情を解消するために、Fさんは衝動的に食に走ってしまいましたが、これは自分の健康を犠牲にしていることになります。合理的な対応ではないのです。

「レジリエンス」のある人はどう対処するのか

では、どう対処すればいいのでしょうか。

まず、**「ホットボタン」が押されてしまう上司との関係は、Fさんにとっての逆境であるという「気づき」が必要でしょう。**そしてこの逆境を乗り越えることが、自分自身をワンランク上のレベルの人材に成長させる機会になると捉えることが大切です。このストレスフルな関係を変えることで、自分のレジリエンスをアップさせるのです。

■呼吸法でクールダウン

マインドフルネス呼吸法

1．息をゆっくりと吸う（～4秒）
2．息をゆっくりと吐く（～6秒）
3．1分間に4～6回の呼吸が目安

注　呼吸は止めない

▼

✓ストレスの**緊張緩和**に有効
✓自律神経が安定
✓高血圧の予防

Fさんがすぐにすべきことは、**ネガティブ連鎖を断ち切ること**です。自分のホットボタンが押されて、上司に対してイラッとしたら、衝動的な行動に出る前に、まずは呼吸を落ち着かせてクールダウンをすることです。そんなときには「マインドフルネス呼吸法」が役に立ちます。

マインドフルネスは、禅をベースとしながら、ストレスを低減させる効果のある科学的な手法が取り入れられた、現在欧米のビジネスパーソンを中心に広く流行しているセルフマネジメントの技術です。アメリカのマサチューセッツ大学メディカルスクールで開発されたMBSR（マインドフルネス・ストレス低減法）やイギリスのオックスフォード大学で研究が進められている、鬱病の再発防止に効果が高いＭＢＣＴ（マインドフルネス認知療法）が有名です。

「マインドフルネス」で呼吸を落ち着かせる

このマインドフルネスの技法の基本となるのが、呼吸を落ち着かせることで緊張を緩和するテクニックです。これはとても簡単で、普段よりもたっぷりと時間をかけて息をゆっくりと呼吸を繰り返すものです。1分間に4回から6回の呼吸が目安です。

マインドフルネス呼吸法のポイントは、日常ではあまり意識していない息の流れに注意を払うことです。すると、自分が「ホットボタン」を押されて頭にカーッと血が上っているときに、いかに自分の呼吸が乱れているかに気づくでしょう。息の流れがいつもより も速く、せっかちになっているのです。

私はこの呼吸法をＭＢＳＲの認定講師から直接習ったのですが、その講師はおもしろいことを言っていました。「私たち現代人は、感情が乱れることが多く、そのときには呼吸が犬のように速く短く浅いものになりがちです。しかも、口で息をしてしまう。本来、呼吸は鼻を使ってするものです。すると、自然に腹式呼吸をすることができます」

そして、その講師が強調したのは、犬の呼吸ではなく、亀の呼吸をすることでした。「昔から東洋では、亀は長寿の象徴とされています。その呼吸はゆっくりとして長く深いものです。昔の人は、『生き物は一生のうちにできる息の数が定められている』と考えていました。速く短く呼吸をする生き物は寿命が短く、ゆっくりと長く呼吸をする生物は長生きをするのです」。たしかに犬はドッグイヤーと言われるように、人の7倍の早さで年をとるといいます。犬の呼吸はハッハッと早く短く浅いので、「なるほどな」と思わせます。

上司に「ホットボタン」を押されて感情が乱れ、それが呼吸の乱れになっているときこそ、マインドフルネス呼吸法の出番です。呼吸を意識的に落ち着かせることで、ストレスや緊張の緩和につながるだけでなく、自律神経や血行を安定させ、高血圧の予防になることがわかっています。特にカーッとなりやすい「タイプA」の人には有効でしょう。

「感謝」の習慣でレジリエンス・マッスルを鍛える

気持ちがクールダウンしたら、次は「感情のラベリング」をして「ホットボタン」が押されて発生したネガティブ感情に気づくことです。

Fさんの場合は、上司と関わるたびに「怒り」のネガティブ感情が生まれていました。

怒りは自分の所有物や権利が奪われたとき、または他者の反モラル的な行動に対して生まれます。Fさんが大切にしているリサーチの仕事を軽視されるような不本意な仕事の頼み方をされたとき、そして真剣に改善策を訴えても、真剣に取り合われず、ため息までつかれたときに、怒りの感情にスイッチが入ってしまったのです。

その裏側では「正義犬」が吠えていることがあります。「上司であれば、そんな仕事の渡し方や態度をとるべきではない！」と「べき思考」が頭の中で繰り返されているのです。

この怒り・イライラ・不満のネガティブ感情は、その日のうちに「気晴らし」をして適度にガス抜きをしてあげないと、体内に積み上げられ、過食や免疫力の低下などを招きます。本来であれば、エクササイズやヨガなどの効果的な気晴らしの習慣をもつことで、怒りのネガティブ感情を安全にガス抜きすべきでしょう。

ただ、Fさんの場合は「**慢性的な不満**」という別の根深いストレスが見られます。これは体を動かして気晴らしをしても、またすぐに繰り返されてしまいます。

仕事はうまくいっているが、どこか不満が残る。プライベートでも満たされていない。全ての原因は、自分がリスペクトできない上司にあると考えているのです。

「慢性的な不満」をもつことが癖になると、非常に厄介です。自分が受けた恩恵に気づくことなく、自分に足りないものばかりに注目してしまうからです。本当は充分に恵まれているのにもかかわらず、自分はツイていないと思い、自分のことを不幸に感じてしまうのです。

客観的に見ると、Fさんは今の職場で恵まれた立場にあると思われます。たとえば、自分の所属する部署で賞を受けています。上司にも認められ、頼りにされている。リサーチという専門分野においては卓越した仕事をして、まわりからも評価されているのです。

しかし本人は賞をもらっても、素直に喜べないでいるのです。「賞でも与えておけば、文句を言わずに落ち着いて仕事をするのではないか」と上司から思われているように感じてしまうのです。これも慢性化した不満の表れでしょう。ほめられたら喜べばいいのですが、素直に喜べない。これは、自分の心が常に不満な状態でいることに慣れているからです。

私はFさんと直接働いたことがないのですが、この方はとても仕事ができる有能な人なのだと感じます。特にがんばりやでハードワーカーなところから、やり始めたことは責任をもって粘り強くやり遂げる「忍耐力」という強みも感じられます。さらには専門性を極めようとする姿勢から「向学心」が、正しいことを貫こうとする働き方からは「誠実さ」といった強みが見出せます。

今の職場は、それらの強みが活かせる環境にあります。だから、会社から認められるような仕事を成し遂げて、それが受賞という賞賛に結びついているのです。転職は正解だったと考えられます。もっと喜んでもいいはずです。

でも不満でいるのは、Fさんが自分が恵まれていることを実感していないからです。つまり、**感謝の念をもつ習慣**に欠けているのです。これは他者に対しての感謝が足りないだけでなく、**自分に対しての感謝も不足している**のです。

「ありがとう」と言うだけで幸せになる

感謝というポジティブ感情の効果については、数多くの研究がなされています。特に海外では「Gratitude is a great attitude!（感謝することは素晴らしい態度ですよ）」と言って、子どもたちにこの美徳ある行為をすすめるしつけがなされています。

感謝の研究の第一人者である米・カリフォルニア州立大学デービス校のロバート・エモンズ博士は、感謝にはさまざまな良い効果があることを実証しています。

たとえば**感謝の感情が豊かな人は、幸福度が高い**ことがわかっています。たしかに、感謝深い人に不幸せそうな人はあまり見られません。その一方で、感謝の気持ちを忘れて自

■感謝というポジティブ感情

感謝
(Gratitude)

感謝とは人に助けてもらったとき、
よい状況に恵まれたときに生まれる感情

さまざまな効果

- 幸福度が高まる
- ストレスが低減し、抑うつ・不安の徴候が低下する
- 血圧が安定し、免疫系が改善され、頭痛や風邪が減る
- 助け合い・道徳的な行為が促進され、関係性が改善する

（Emmons,2007）

分のことばかり考えている人は、不幸せそうに見えるものです。

また「**ありがたいなあ」と感じることは、ストレスに対しての緩衝力がある**こともわかっています。感謝の気持ちとは、まるで「毛皮のコート」のようなもので、外側からの重圧や人からのネガティブな批判から私たちの心を守ってくれます。漫画の『ワンピース』が好きな私の息子には「感謝をすれば、まるで武装色の覇気のようにストレスから守ってくれるよ」と説明しています。**感謝の念にあふれている人は、打たれ強い**のです。

感謝の習慣をもとう！

その他にも、感謝のポジティブ感情には、血圧が安定する、免疫系が改善されて風邪や頭痛が減

るなどの健康における効果、さらには助力やモラルのある行為が促進されて、職場や家庭での関係性がよくなる効果も見出されています。

感謝の研究で興味深いのが、**相手に感謝の気持ちが伝わらなかったとしても、自分が「ありがとう」と感じるだけでこのポジティブ感情が豊かになり、さまざまな効果を受けることができることです。**感謝をすることのメリットは、まず自分自身に向けられるのです。

これは「人に親切をされたら、お礼を言うべきです」といった、人としての道徳的な考え方とは少し違います。感謝をするという行為は、マナー以上に自分が幸せになり健康になるための秘訣でもあるのです。しかも、お金は一切かかりません。時間も労力も必要ありません。少し生き方と働き方を変えるだけで、その恩恵を受けられます。

感謝の感情にスイッチを入れるチャンスは、職場にあふれています。たとえばオフィスのエレベーターの扉を開けてくれた人に「ありがとう」と伝え、フロアを清掃してくれるおじさんやおばさんに感謝の気持ちをもち、急いでコピーをしなくてはいけないときに順番を譲ってくれた事務職の人にも感謝をする。

約束通り納期を守って仕事を終えてくれた業者さんに感謝をし、商品やサービスを購入してくれたお客さまにありがたいと感じ、仲の良いチームやスタッフに恵まれている境遇を嬉しく思う。

これらは小さなことではありますが、**その小さな感謝の積み重ねが長続きする感謝のポジティブ感情として自分の胸の内に残るのです。**それがストレスに対しての緩衝力となり、私たちのレジリエンス・マッスルを鍛えるのです。

感謝力を高める2つの習慣

私がレジリエンス・トレーニングを教えるときは、感謝の力を高めることでレジリエンス・マッスルを鍛えるために、先に紹介した「感謝の手紙」に加えて、プライベートな時間での2つの習慣をおすすめしています。

1つめが「**3つのよいこと**」です。

これはその日の出来事で、自分がうまくいった、成功した、運がよかった、ツイていた、ありがたいと感じたことをどんなことでもかまわないので、3つ思い出す習慣です。大きな成功でも小さなラッキーでも、何でもかまいません。

私の好きな作家である村上春樹さんは、あるエッセイのなかで「小確幸」というアイデアを披露しています。夏によく冷えたビールを飲む瞬間、気になっていた中古のレコードが見つかったとき、迷子になっていた隣の家の猫が無事戻ってきたときなどに、「小さいけれども確かな幸せ」を感じる。人生で幸福感や感謝の気持ちを高くする秘訣です。

私は「小確幸カード」という名刺大のカードを作成して、受講生に配り、演習で使ってもらうことがあります。そのカードに「3つのよいこと」を書いて名刺入れに入れておけば、忘れたときに見直すことですぐに感謝を思い出すことができます。私たちが幸せになる理由に気づくことができるのです。

2つめの習慣が「**感謝日記**」を書くことです。

夜寝る前に、その日にありがたいと感じたこと、人に親切にされたこと、困っているときに助けてもらったことなど、どんなことでもかまわないので日記形式で書きます。なぜこのようなありがたいことに恵まれたのか、誰のおかげなのかについても、できるだけ詳しく書くと、感謝の気持ちの深みが増し、効果てきめんです。

この感謝日記を書く習慣を続けることで、感謝のポジティブ感情が高まるだけでなく、幸福感や喜びが向上し、不安感や睡眠障害などの抑うつの徴候が低減される効果があることがわかっています。

就寝前の小さな習慣

私がFさんに特にすすめたいのは、就寝前の自分のための小さな習慣です。

Fさんは美容面が気になっているようなので、まずは肌のお手入れのためのスキンケアの時間を確保してほしいと思います。その後に、5分ほど「感謝日記」を書いてから就寝するというのがこの習慣です。

私はSK－IIという高級化粧品ブランドを長い間担当してきました。その間には、数々のSK－II愛用者から話を聞く機会をもてました。その中には、SK－IIが1980年12月に日本で発売されてから、看板商品である化粧水をずっと使い続けているロイヤルユーザーや、「私がこの世を離れるときにはSK－IIのボトルと一緒にしてほしい」と娘に頼んだ高齢の方もいらっしゃいます。もちろん、桃井かおりさんや小雪さんといったSK－IIブランドの顔となった女優さんとも話すことがありました。

化粧品に関しての知識も興味もゼロの男性だった私が、このSK－IIというブランドに魅了された理由には、このファンの存在があります。「この日本生まれの化粧品ブランドを世界に広めよう」というミッションをもちながら、ブランドづくりに関わり続けてきました。

世界でトップブランドになれる見通しがついた段階でこのブランドから離れたのですが、今でもＳＫ－Ⅱのサポーターです。

ＳＫ－Ⅱは決して安くはない商品ですが、ファンからの支持が非常に高いブランドです。しかも愛用者はＳＫ－Ⅱユーザーであることに誇りをもっています。若い人も「いつかはＳＫ－Ⅱを使いたい」と憧れを感じてくれているのです。

この域に達しているブランドは、世界を見ても数多くありません。有名どころでは、アップル、ハーレー・ダビッドソン、レクサス、ルイ・ヴィトンなどでしょうか。

「なぜ、これほどＳＫ－Ⅱは愛されているのか」と疑問に感じ、長期愛用者にインタビューをしたことがあります。ＳＫ－Ⅱの愛用者には、ある特徴があります。舶来物のエスティ ローダーやランコムと違い、派手さではなくシンプルさを好み、見た目よりも内面の質を重視し、周りに流されない自分のポリシーをもっていることです。ハードに仕事をしているビジネスウーマンや会社の経営者、旅館の女将さんや家庭の専業主婦など職業はさまざまですが、自分の仕事や役割に誇りをもっている点が共通していました。

化粧の裏側にある女性の心理

「普段、どのように肌のお手入れやお化粧をしているかについて教えてください」といった質問を重ねたのですが、私にとって新しい発見となったのが、スキンケアやメイクアップの作法ではなく、その裏側にあるユーザー心理だったのです。

たとえば、朝仕事に行く前に洗顔をしてメイクをする時間は、化粧をすることで高揚感を高め、プロフェッショナルとしての自分に変わり、モチベーションを上げる「儀式」であったことです。男性であれば、朝の出社前にジムでジョギングして一汗流すことで「戦闘モード」に入り、朝からスタートダッシュをするパワフルな人がいますが、SK－Ⅱユーザーにとってのメイクもそれに近いものが感じられました。

特にSK－Ⅱ愛好家には「人前に出る仕事」をしている女性が多く、「人さまから肌を見られる立場にあるので、自分の肌の状態に自信をもちたい」というニーズをもっていました。そして「女性にとっての肌のクオリティは、その人の内面や生き方を表す」と信じていたのです。たしかに顔の表皮は平均で1ミリ程度と非常に薄く、心理面や生理面の好調・不調が出やすいと言われています。その人の状態が浮き彫りになってしまうのでしょう。

もう一つの特徴が、忙しい一日を終えた後の肌のお手入れをする時間を、ロイヤルユーザーの方々はとても大切にしていたことです。ただのスキンケアの時間ではなく、特別な「聖なる時間」として捉え、どれだけ多忙な日でもお手入れの時間は確保していたのです。

スキンケアで「ありのままの自分」になる

メイクを丁寧に落として素肌の状態になると、そこに化粧水をパッティングします。ＳＫ－Ⅱの美容部員は「手のひらで１００回ほどパッティングしてください」と推奨するのですが、それを守っているユーザーはかなりいます。

手で化粧水を素肌にしみこませる瞬間が、ありのままの自分になる、つまり「わたしになる瞬間」だと愛好家は証言していました。それが「一日の中で最も尊い時間である」と言っていたのです。

そのとき見せる素顔は、本人だけのものです。誰かに見せるものでなく、鏡の前の自分にしかそれはわからないものなのです。「夫は寝てしまっているので、自分の素顔を知ることは絶対にない」とある主婦の方は話していました。

朝のメイクがプロとしての自分に変身するための時間であれば、夜寝る前のお手入れは、ありのままの素の自分に向き合う儀式なのです。

そのときに、自分に対して恵まれたことを思い返せば、自分に与えられた恩恵をとても素直に感謝することができると思います。自分に自信もついて、肌もきれいになって、一石二鳥です。

私は女性が美容面に細やかに手をかけるのは、とても大事なことだと思います。肌のお手入れは、自分を大切にする習慣です。肌のお手入れに関心がない人は、自分に対しても関心が薄く、興味が外側に向いているものです。自分自身に対して愛情をもっておらず、自分の境遇に感謝していないのです。

毎日のお手入れの習慣は、自分の持って生まれた美肌に感謝して、親にも感謝して、さらにはその日がんばった自分にも感謝する大切な時間だと思います。

就寝前の小さな習慣として、肌のお手入れをした後に、感謝日記をつけて眠りにつく。その結果、感謝のポジティブ感情が高まり、レジリエンス・マッスルが鍛えられてストレスへの緩衝力が身につくだけでなく、「慢性的な不満」という感情をリセットし、ネガティブ連鎖を断ち切ることになると思われます。

上司との人間関係で悩み、上司が自分の「ホットボタン」を押してしまうことで怒りやイライラを感じてストレスで困っている人は、気晴らしの習慣をもつとともに感謝の習慣も加えると、より効果的に問題を解決できるでしょう。

「感情バンパイア」にご用心

ここまで、上司に「ホットボタン」を押されてしまうことで怒りや不満が生じてしまう、職場での上下関係のストレス問題をお伝えしました。もう一つの問題が、それとは真逆の、その上司と関わるとなぜか元気や活力が失われてしまう人間関係です。これは、その上司と関わることで「**クールボタン**」が押されてしまうことにあります。ここで皆さんの職場での関係、または家族や友人、パートナーとのプライベートな関係を振り返ってみてください。以下の条件に当てはまる人がいるでしょうか?

・その人と会うと、なぜか元気が吸い取られるような気がする

・自分は好意的に受け入れられていないと感じる
・いつも対等な関係ではなく、上から目線で見られる

これら3つの質問の答えが全て「はい」だった場合、その相手はあなたにとって「**感情バンパイア**」であるかもしれません。その人と関わるだけで、心理的に疲弊し消耗してしまうリスクがあるので注意が必要です。

感情バンパイアとは、アメリカの精神心理士アルバート・バーンスタインによって名付けられた、対人関係において問題を生じる人のタイプです。とくにナルシシズム（自己愛）の傾向が強く、自分の自尊心が脅威にさらされたときに防御反応が出て、ときに他人に罪の意識や劣等意識を感じさせることがあります。

その結果、一緒にいるだけで疲れてしまうのです。相手から意欲と気力を吸い取り、他人を消耗させる傾向があるため、「感情バンパイア」と呼ばれるようになりました。「自己愛的パーソナリティ障害」の予備軍とも考えられます。

・その人と会った後は、なぜかどっと疲れが残る
・電話で話をしただけなのに、元気が失われた感じがする

・その人のそばにいると、自分が小さな存在に感じる
・相談話に乗り、相手は元気になったが今度は自分の元気がなくなってしまった
・言葉では励まされているのに、「うまくいかないのではないか」と心配になる

もしあなたのまわりにこのように感じさせる人がいるとしたら、その人は「感情バンパイア」の傾向があるかもしれません。

事例7 一緒にいると、なぜか自信を奪われる上司

外国人の上司と働いている女性のGさんから、こんな話を聞きました。

「今の職は自分に向いていると思いますし、仕事そのものはとても充実しています」とGさんは話していました。しかし、表情に少し陰りが見られたので「何か悩みでもあるのですか？」と聞くと「実は……」と教えてくれたのが、上司との人間関係の悩みでした。

その上司は非常に仕事ができる有能な人だそうです。学歴も高く、会社でも信用され、

重要な地位を任されている人です。背も高く、スーツもぱりっと着こなして、格好もよく、モテるタイプでもあるそうです。部下の面倒見もよく、頻繁に話しかけてくれる気配りのある人です。

「なかなかよくできたボスではないか」と感じた私は、「何が問題なのですか？」と聞きました。すると「その人と接すると、自分に自信をなくしてしまうんです」という意外な答えが返ってきました。

世間で問題にされるパワハラ上司でもセクハラ上司でもない。まわりからは「ボスに恵まれてよかったね」と羨ましがられることもあるそうですが、なぜかその人と接するたびに、仕事に対しての自信を喪失しかけている自分に気づくのだそうです。「私に何か問題があるのでしょうか……」とGさんは心配していました。

そこで、その上司の態度や言葉づかいについて細かく聞いてみました。仕事を進めるときにどのようにリードするか。主導権はどちらにあるのか。最終決定権はどちらがもっているのか。ミスや失敗をしたときの対応はどうか。自分が立てた手柄を、その上司はどのように感じているのか。そして、その人はどのような家庭環境で育てられたのか……。

そこで少しずつ見えてきたのが、その**上司の「自己愛」の傾向でした**。自己愛とは通称

「ナルシシズム」とも呼ばれ、自尊感情や自己肯定感が過大になった場合に表れる症状です。

ナルシストは自分を正当化することに長けているため、客観的には不合理なことでも、まるで催眠術にかけたように相手の心の内側を曇らせ、「私が正しく、あなたが間違っている」と思い込ませることがあるのです。

自己愛は家庭環境によって育まれます。裕福な家庭で何不自由なく過保護に育てられた子どもが大人になると、過大に評価された自分のアイデンティティを守るために、自己評価が脅かされるリスクにさらされると、過剰な防御反応を示すことがあります。

特に仕事の困難などのストレスの高い状況の下では、紳士的だった人が突然ナルシストに変化することもありえます。その上司は「感情バンパイア」だったのかもしれません。

あなたの近くにもいる感情バンパイア

私の仮説を伝えると、Gさんは腑に落ちたようで、表情が明るくなりました。

表の顔は立派なマネジャーですが、本当の姿は言葉と感情を巧みに操り、部下に劣等感を感じさせ、相手に気づかれることなく活力を吸い取ることに長けた感情バンパイアである可能性があったのです。

その上司は、もとから感情バンパイアだったとは限りません。仕事の状況によるストレスや自分が背負った責任から生まれる重圧により「バンパイア化」したのかもしれません。

このように、ある日突然、上司がバンパイア化するいくつかのケースが考えられます。

・新人を任された中堅マネジャーが多忙と重責で、新入社員がネガティブになり、自信を失わせてしまう
・業績不振のストレスで事業部長が自分の将来が不安となり、バンパイア化。事業部全体が憂鬱感に覆われますます不振となる
・海外に転勤したマネジャーが「駐在中の3年間は事なかれ主義に徹して無事本社に戻る」と決心。リスクを伴う意思決定を放棄し、現地法人のスタッフが無気力となりやる気を失う
・同期に出世で先を越された上司が、自分のプライドを補うために部下に劣等感を与えようとする

まじめでいい人だったのが、ストレスが引き金となりバンパイア化してしまう。**自分の立場を守るため、部下やスタッフから活力を吸い取り、組織が不活性化してしまうのです。**

バンパイア化するのは男性だけではありません。たとえば、現在女性の活躍推進に注目が集まっています。特に安倍内閣が「20・30宣言」、つまり企業や官公庁などの組織で指導的地位にある女性の比率を2020年までに30%以上に引き上げる方針を示して以来、女性の昇進スピードを重視する企業が増えています。

日本の組織にダイバーシティ（多様性）が圧倒的に不足しているので、女性活用支援の方針自体に異論はありません。ただ、個人的には2020年という「締め切り」が早すぎるのではないかと感じています。ゴロがいいから、または安倍総理が2020年には任期が終わるから、その時間軸を設定したのではないかと疑ってしまいます。

人材育成には時間がかかるものです。ところが、内閣府のかけ声に逆らうわけにもいかない。女性活用支援に後ろ向きな企業と、レッテルを貼られたくもない。その結果、会社によっては、準備ができていない女性社員でも昇進させてしまう場合があるかもしれません。

これは女性社員にとっても不幸です。責任者としての心理的な準備とレジリエンスがない人がマネジャーになると、大きな重責となり、逆境になるからです。
ストレスが引き金となってバンパイア化する女性管理職が出てしまうかもしれません。

消耗系の感情にスイッチを入れる

感情バンパイアは、自尊心を守るため、自分を正当化し、「私が正しく、あなたが間違っている」と思い込ませることに長けています。上司が感情バンパイアである場合は、関わるたびに「クールボタン」を押され、元気を失い、自分が小さな存在であるかのように感じてしまいます。自尊心が失われ、自己評価が下がるからです。

「クールボタン」が押されると、自分の中にいる弱々しさをもった「思い込み犬」が目を覚まし、騒ぎ始めます。それが消耗系のネガティブ感情を生み出し、自分のやる気や活力を減退させてしまうのです。

上司に元気が吸い取られたのではなく、自分の内面に生まれたネガティブ感情によりエネルギーが落ちてしまったのです。

いずれにしても、部下が元気をなくし、劣等意識を感じている様子を見て、自分の優越感を満たし、気分を立て直そうとすることには変わりません。

■消耗系のネガティブ感情を生む「思い込み犬」

思い込み	考え方の癖	口癖	ネガティブ感情
負け犬	減点思考	「自分は役に立たない」「情けない人間だ」「こんなこともできない」	悲哀・憂鬱感
諦め犬	無力思考	「自分の手に負えない」「それは無理だろう」「きっとうまくいかないよ」	憂鬱感・無力感
心配犬	不安思考	「自分では失敗してしまう」「もっとひどいことになる」「これから大丈夫だろうか」	不安・怖れ
謝り犬	自責思考	「失敗したのは私の責任だ」「人に迷惑をかけた…」「これでは社会人失格だ」	罪悪感・羞恥心

しかも、その上司に悪意があるわけではないのです。感情バンパイアは、自分の行動に無意識である場合が多いのです。だから、その行為はなかなか直りません。その上司と関わる部下が犠牲となり、しまいにはその上司のもとを去るか、離職してしまうでしょう。

事例8

もし、あなたのパートナーが「感情バンパイア」だったら

この問題は、実は上司と部下の関係だけではありません。自分のパートナーが感情バンパイアである場合もあるからです。感情バンパイアとつきあうのは、つらい体験です。**本来は幸せを生み出すはずの関係が、苦しく質の低い関係となってしまいます。**

ある大手企業の総合職として働くHさんには、入社当時からつきあっていた同期の彼がいました。その彼との関係が、ある出来事がきっかけとなり悪化して、最後には別れることになってしまったのです。その出来事とは、Hさんが彼よりも先に、会社から高い評価をされたことでした。

Hさんは、思慮深さと忍耐力の強みをもった人でした。その強みを活用して、学生のときは試験の準備に手を抜くことなく、努力も惜しまずにハードに勉強もしてきたため、常にトップクラスの成績を収める優等生でした。

就職活動も入念に行い、見事第一志望の会社への就職が決まりました。その後も会議やプレゼン、社内の昇格試験などの節目でも、事前準備を完璧に行い、順調なキャリアを歩んできました。

ところが、努力をしている姿を人にほめられても、謙遜することが多かったため、一部の人からは「本当は努力しているのに、それを隠してうまくまわりと付き合っている要領のいい人だ」と誤解されることもありました。ハードに事前準備をしているHさんの姿を正しく理解できる人は、少なかったのです。

Hさんの生き方は、白鳥にたとえることができます。白鳥は水面上をスーッと優雅に泳いでいるように見えますが、実は水面下では必死に足を動かしています。その懸命に働いている姿は外から見えることはなく、優雅さだけが印象づけられるのです。

同じようにHさんも、いつもリラックスして優雅に仕事をしている印象を他人からはもたれていました。陰で人一倍努力をしている様子を隠していたからです。Hさんの彼はその真の姿を知る貴重な理解者でしたが、順調にキャリアアップしていくHさんの姿を誇らしく思う一方、そんな彼女と自分と比べてしまい、快く感じていなかったのです。

同期でありながら自分よりも早く着々とキャリアを進んでいくHさんに、その彼氏は

「**羨望**」のネガティブ感情をもつようになりました。羨望とは妬みにつながる厄介な感情で、自分にはなく他人にはあるものに対しての欲や切望を感じたときに生まれる感情です。他人と比較する悪癖のある人に生まれやすく、劣等感や自己批判などの役に立たない行動につながります。

この彼氏も、つきあった当初はフラットな立場にあったHさんが、その後順調に成長していく姿と自分の境遇を比較して、自分にはないHさんの「能力」や「幸運」を妬ましく感じたのでしょう。実際は能力や運だけではなく、Hさんの努力とハードワークの積み重ねの結果だったのですが、それをわかっていても、彼氏の羨望と妬みの感情は消えなかったと考えられます。

自分のプライドを守るためにその彼氏がとった行動は、Hさんと別れ、なんと同じ会社のHさんもよく知るアシスタントの女性とつきあうことになったことです。これはHさんにとってショックな出来事で、しばらく元気も失い、恋愛に対して苦手意識をもつようにもなってしまったのでした。

Hさんへの劣等感が彼氏を感情バンパイアに変身させ、Hさんの活力を消耗させるような衝動的な行動に導いたとも考えられます。

活力を吸い取られやすいタイプとは？

この感情バンパイアの術中にはまり、活力を吸い取られやすいタイプは、Hさんのように「自分のことよりも相手のことを優先したい」というまじめで優しい人です。他者を優先するような優しい人が、なぜか損な役回りをしてしまうのです。「人生は不公平だ」と腹立たしく感じるかもしれません。

しかし、その原因は活力を失う本人にもあります。自分を犠牲にして相手に尽くすことがあるからです。これは、本人を幸せにも裕福にもしないスタイルです。

アメリカ、ペンシルベニア大学のアダム・グラント博士は、その著書『Give & Take「与える人」こそ成功する時代』で、**人には与えることに関心が高い「ギバー」と受け取ることに興味をもつ「テイカー」の2タイプ**がいると考えました。

たとえば、バンパイア化した彼氏の行動は、自己中心的な「テイカー」に当てはまります。そしてその彼氏とつきあっている女性は、「ギバー」であることがあります。ギブ&テイクの関係が成り立っているのです。

ただ、「ギバー」は1種類だけではなく、さらに2つのサブタイプに分けられるとグラント博士は考えます。これが、この研究のおもしろいところです。ギバーのタイプは「**自己犠牲的なギバー**」と「**他者志向のギバー**」に分類されるのです。

「自己犠牲的なギバー」は、他の人に役に立ちたいという願望が強く、自分への利益を犠牲にしてまで他者に尽くそうとします。自分自身のニーズを顧みず、時間とエネルギーを割いてしまいます。そして、疲労疲弊して燃え尽きてしまうこともある。

その一方で「他者志向のギバー」は、他人を助けるために自分を傷つけることはありません。他者の利益と自己の利益に同等の関心があるからです。お互いがウィン・ウィンの関係になることを目指し、すぐに見返りがなくてもかまいません。長期的にプラスになるのであればよしとするタイプです。

「自己犠牲的なギバー」は経済的に成功しないことが多いことも、わかっています。他者に与えすぎてしまうのです。その一方で、「テイカー」は経済的に豊かになる場合があります。自分の利益を重視するので、当然かもしれません。

ところが、「他者志向のギバー」は、その「テイカー」よりも成功することがあるのです。これがこの研究のおもしろさです。短期的に何かをギブしても、つまり短期の見返りは多くなくても、長期的なリターンがあるからです。利他的な行いで幸福感が高まるだけでなく、金銭的な裕福さに恵まれることがあるのです。

私は「自己犠牲的なギバー」タイプの人は感情バンパイアに弱いのではないかと考えています。解決策としては、ギバーとしての価値観と行動は維持しながら、自己犠牲的な側面を変えることでしょう。

感情バンパイアへの対処法

感情バンパイアは、強敵です。言葉を巧みに操り、人の感情をコントロールする達人です。その能力が認められてリーダーの地位にいる人も、少なくはありません。しかし、共に働く人が精神的に消耗して脱落していくため、チームの入れ替わりも激しいこともあります。できれば、そのような上司とは関わりをもたないのが合理的な選択だと思います。

ただ、職縁や血縁、地縁などの縛りがあり、その人との関わりを回避することができない場合もあります。そうであるならば、自分が強くたくましくなることだと私は思います。**相手に「クールボタン」を押されない用心深さをもち、もし「クールボタン」を押されて「負け犬」や「謝り犬」が騒ぎだしても、それらに対処できるレジリエンスの力をもつことです。**

そして、もし皆さんに「自己犠牲的なギバー」の傾向があるとしたら、誰かのために自分を犠牲にすることは今日でやめにして、**自分を大切にしつつも相手のことを思いやる「他者志向のギバー」に変わる一歩を踏み出すこと**をおすすめします。

そのためにできることが、**感謝のポジティブ感情を豊かにすること**だと思います。

バンパイアが苦手なものは、日光です。吸血鬼は日光を浴びると、燃えてしまうからです。その日光の輝きにあたるものが、私は感謝のポジティブ感情だと考えています。

「3つのよいこと」や「感謝日記」などの感謝の念を豊かにする習慣をもつことで、ポジティブ感情があなたを守る鎧となるでしょう。感謝をはじめとするポジティブ感情は、ストレスや逆境に対しての緩衝力となることがわかっているからです。

「レジリエンス」を高めることが自分を守る一番の近道

感謝の対象となるのは、まず自分と自分の置かれた環境に対してです。

自分が健康であること。仕事に恵まれていること。不自由のない生活を送ることができること。当たり前だと感じていることに改めて「ありがたい」と感じるだけで、感謝の念は増幅されるものです。

私は海外に暮らして長いのですが、日本人として生まれたことに深く感謝をしています。外国に住むと実感できるのが、日本人は多くの外国人からリスペクトされていることです。第二次世界大戦時の問題はあるものの、日本の文化や日本の製品、そして日本人の優しさなどは、世界中の人々から尊敬されています。

また、日本のパスポートは特別です。ビザなしで多くの国に行くことができるパスポートはめずらしいのです。盗難に遭うことが多いのも価値が高いからでしょう。これも日本の国の友好性を表しています。

皆さんは、日本人であることを当然のように感じていませんか？　実は、日本人として生を受けたことも感謝の対象となるのです。

そして感謝の念は、自分を助けてくれる人、または過去に助けてくれた人に向けられます。それは家族であり、きょうだいであり、友人であり、会社の上司や同僚であり、病気になったときの医師や看護師さんであるかもしれません。それらの人への感謝を確認するだけで、自分がいかに恵まれていたかに気づかされます。そしてその行為は、自分のサポーターを知ることにもつながり、レジリエンス・マッスルを鍛えることになります。

レジリエンスを磨くことが、感情バンパイアから自分を守る近道なのです。

上司との関係に悩む人は数多くいます。「ホットボタン」を押されてイラッとすることもあれば、「クールボタン」を押されて元気を失うこともあるでしょう。

ただその逆境を乗り越えることで、人間関係における強さとたくましさが身につきます。**苦手な上司との関係は、自分のレジリエンスを磨く機会となるのです。**そんな上司の前に行くたびに「今日も修行をするぞ！」という気分で気を引き締めて、レジリエンスを鍛えてください。その修行が終われば、役割を果たした上司はあなたのもとから去っていくはずです。

第3章

「思いやりのない職場」での過ごし方

事例9

人が辞めていく「幽霊船」組織

働く人がなぜか不幸になる職場とは？

会社には「幽霊船」のような組織がたまに存在します。元気のいい若手の社員でも、なぜかその部署に配置されると、次第に活力を失ってしまう。体調不良などが原因で欠勤し、別の部署に移るか、会社を辞めていくことが多いのです。そのような部署に異動になった場合、または転職先の担当部署が思いがけず「幽霊船」だった場合、その人のキャリアにとっての逆境となります。

Hさんが第2新卒として転職した会社も、初めは10人いた部署が3人にまで減ってしまったそうです。当初は部長と課長、そして担当者がいるピラミッド型の組織だったのですが、しばらくすると中間の課長、リーダークラスの人たちが辞めていき、部長と担当者だけのいびつな組織になってしまいました。

経験ある部長と若手のメンバーでは力量の差があまりにも大きく、言いたいこともなかなか言えない雰囲気があったそうです。メンバーのほとんどが体調不良になり、大変な状況となりました。ある人は心が疲れ、ある人は病気になるなど、ストレスを起因とする体調不良が続いたのでした。

状況を見かねた先輩社員が「このままだと誰も成長しないしよくないから、何かできることをしよう」とリーダー格となって活躍してくれたそうです。

一年後、先輩の努力は状況に一石を投じたものの、部署は解散。当時のメンバーは一部を除いてほとんどが辞め、結果的にHさんも他社に転職することになったのでした。

助け合いの文化がない職場

働いている人の健康状態が悪化し、入ってくる人よりも出ていく人のほうが多い組織には、主に3つの特徴があります。

1つめは、**ストレス度が高い**ことです。拘束時間が長い、過度の緊張を伴う業務がある、対人関係の問題があるなどの3大ストレスがその部署では見られます。

2つめに、**風通しが悪い**ことです。専門的で特殊な仕事を行う部署が多く、その部署のリーダーは、ある分野に秀でたベテラン専門職である場合がほとんどです。その人が好き勝手にしても、そのベテラン社員の代わりが社内にいないため、経営陣や人事も黙認して治外法権的な扱いになっています。人の流通も少なく、固定的な環境となっています。

3つめの特徴は、**その組織の内部で「助力」をする文化がない**ことです。上司を含め、誰も助け合おうとはしないのです。それはまるで個人事業主の寄せ集まりのような集団で、自分の問題は自力で解決することが求められています。

よく言えば、自立していて依存する関係になく、他の社員の仕事ぶりに関心がなく、互いに競争をすることもありません。ただ、助けあうこともありません。上司も部下を手取り足取り教えるようなことはせず、社員同士が気にかけあうこともない。仲間意識がゼロの温かみのない組織です。

事例10 転職後の苦労

転職先での逆境

Ｉさんも、転職先の中小企業で痛い思いをしていました。助け合いの文化が全くない組織だったのです。

その会社に入る前は、ある大手電子機器メーカーに長年勤めていたのですが、経営陣の不祥事で会社の事業が縮小されてしまいました。Ｉさんは「これも何かの転機だ」と前向きに考えて、知人に「ぜひうちの会社に来て助けてほしい」と頼まれたこともあり、前の会社とはるかに規模が小さな会社に移ることに決めました。50歳を前にしての転職でした。

しかし、初めての転職は逆境続きで、つらく苦しいものだったのです。まず、仕事をやり遂げるために必要なリソースが足りていませんでした。部下が数人いる部署のリーダーを任されたのですが、Ｉさんが入る前に部下が皆辞めてしまっていたのです。最初の仕事は自分の部下の採用活動でした。

困ったＩさんがその会社の人事担当者に相談をしたところ、「相談はしないでほしい。問題を解決するのはあなたで、そうでないとあなたをわざわざ雇った意味がない」と言われ、ピシッと断られたそうです。「給料をもらっているのだから、自分で問題を解決しろ」という冷たい態度をされたのは、前の大企業では経験したことのないことでした。「小さな企業だから仕方がないのかもしれないけれど、これは非常にショックだった」と語りました。

誰も頼りにできない状況から、非常に苦労をして何とか部署を再生させ、その会社の立て直しを見届けた後に、Ｉさんは別の会社に転職をしました。

その会社は、功労者のＩさんでさえも辞めていくような「幽霊船」企業だったのです。

ハードに働いても報われない組織

幽霊船のような組織では、Ｈさんの先輩やＩさんのように、沈没しかけた組織を再起させようと**どれだけハードに仕事をしても、報われた感がありません。**自分の努力がまるでその組織に吸い取られたかのように消えてなくなり、ハードワークが誰にも認められないのです。そのため、**社員は無気力・無関心になり、一所懸命に働く人が損をしたような気持ちになります。**結果として、まじめでがんばりやな人ほどメンタルが消耗し、燃え尽きて辞めていくことが多いのです。

これは、小さな部署だけの話ではありません。Iさんの事例のように、中小企業でも「幽霊船」は存在します。大企業でも、タイタニックのように沈没しかけた船もあります。その会社で働いている人は、これ以上沈まないように必死で働いているのですが、重力に逆らうことはできず、努力が全て水の泡となり、落ちていってしまうのです。これはその会社で働いている人にとって、とてもつらいことです。ハードワークが報われないからです。

それらの「幽霊船」組織に共通しているのが、「**職場のつながりが希薄化**」していることです。自分が働いている職場がまだ幽霊船化していないとしても、つながりの希薄化の兆しに気づいている人も多いのではないでしょうか。

つながりが薄くなりつつある職場

社員旅行や運動会が行われなくなった。仕事の後に職場の仲間で居酒屋に行き、飲み会やコンパをする頻度も低くなった。社内結婚の件数が減った。社員の名前と顔が一致しなくなった……昔は当然だったことが、現在では違っているのです。これらは**職場のつながりの希薄化のサイン**です。

「若手社員のつきあいが悪くなったからだ」と年輩社員は考えるかもしれません。若者の価値観の変化もたしかに一因でしょう。しかし、職場でのつながりの希薄化を進行させている原因は、次の3つの「構造的な変化」によるものと考えられます。

1つめが「**雇用関係の変化**」です。近年、終身雇用制が見直され、米国流の成果主義がいくつかの企業で採用されました。その結果、会社と社員の関係は「相互依存型」から「自律型」に変わっています。会社は雇用を提供し、その代わりに社員は帰属意識をもった会社への貢献を果たす、といったギブ&テイクの関係です。

これは、貢献することのできない社員には、雇用が与えられないというドライな大人の関係でもあります。古きよき日本企業の家庭的な関係性は過去のものとなりつつある。

2つめが「**就業形態の変化**」です。最も顕著な変化が、派遣社員やパート社員などの「非正規労働者」と呼ばれる層（個人的にはこの言葉は好きではありませんが）の増加です。現在では、平均して3人に1人のレベルにまで達しています。

ただ、リーマン・ショックのときに不景気時の「派遣切り」が問題になったこともあり、派遣・パート社員は雇用の安定に不安を感じています。また正社員との待遇格差や心理的な距離感などから、職場での関係がギスギスしたものとなり、「職場に相談する相手がいない」と悩む人も多いのが現状です。ストレスを感じながらも、気軽に悩みを共有できる人が社内にいないのです。

3つめが「**働き方の変化**」です。個人で行う業務が増え、さらにIT化の進展により、対面ではなくパソコンの画面を通した、直接顔を合わせずに働く場面が多くなりました。

世代間の違いもあります。若手社員は、コミュニケーション・スタイルやワークライフ・バランスが上の世代とかなり異なり、働き方の多様化が進んでいます。先に述べた「若手社員のつきあいが悪くなった」と文句を言う年輩社員は、おそらく働き方の多様化についていけないのでしょう。

これらの3つの構造変化が職場では急速に進み、社員同士や上司と部下のつながりが薄くなりました。「家族のような親密なつながり」は、過去のものとなりつつあるのです。

社員同士のつながりは生産性に影響する

社員のつながりの希薄化は、会社への貢献意欲とメンタルヘルスに悪影響することがわかってきています。実際に「幽霊船」組織では、社員のモチベーションが低下し、心身の健康状態が悪化する人が増え、異動を希望し、長期欠勤し辞めていく人も多いのです。

常に人員不足が起こっているので、人事も必死になってリソースを確保しようとしますが、社内でも「あの部署は人が辞めるからなあ……」という悪評が流れているので、人集めにも非常に苦労します。

あるとき、ある大手企業の人事の方と話をしていました。その方は会社がアジアに積極的に進出していることもあり、グローバル人材を育成するために何ができるのかを研究するためにシンガポールに視察に来ていたのですが、東南アジアの人材育成事情について話をしながら、私の専門とするレジリエンスに大変興味をもっていることに気づきました。

「どうしてレジリエンス・トレーニングに関心があるのですか?」と聞くと、「実はうちの会社にも優秀な人材が入ってもすぐに辞めてしまう部署があり、人材確保に困っているのです」と教えてくれたのです。海外戦略上、重要な部署でありながら、他の部署が人材をなかなか出したがらないのだそうです。まさに幽霊船の部署です。

活力をもって働くためには、職場における人間関係はかなり重要であることが実証されています。仕事に対して熱意をもっている社員の貢献意欲をエンゲージメントと言いますが、アメリカのギャラップ社では300万人以上もの従業員の行動調査に裏付けられた12の要素、通称「Q12」により職場でのエンゲージメントを調査しています。

これら12の要素のなかでも、上位にくるのが「仕事上で誰か最高の友人と呼べる人がいる」、そして「この半年の間に、職場の誰かが自分の進歩について自分に話してくれた」といった職場での対人関係によるものでした。職場でどのような関係性をもつかが、組織のパフォーマンスや企業の成長性を決定づけるともいえるのです。

仕事への意欲を高めるには、職場や現場での良好な人間関係が重要なのです。特に若い世代でこの傾向が強いようです。

最近の若手は、新卒で入社してから比較的早い時期に辞めて、別の会社へ転職することがあります。会社の下調べを入念にして、就職活動も熱心にしているにもかかわらず、なぜすぐに転職してしまうのでしょうか。

その一つに、入社してから社内の人間関係を実体験して、「これはおかしい、自分の望んでいるものではない」と見限っていることがあります。そして、どれだけ給与や福利厚生が充実していても「ここでは長くは働けない」と考えて、さっさと次の会社に行くか、大学院に入り直して学位を取得するか、次なるアクションを起こすのです。

「石の上にも3年」というように、少なくとも数年は我慢して働き続けないと意味がないのでは、と旧世代の私などは思いますが、この早期の見限りはある意味で合理的なアクションなのかもしれません。なぜなら、**職場でのつながりの質が低いと、鬱病をはじめとした「心の病」の原因にもなるからです。**

ある国内の調査では、メンタルヘルス問題が増加傾向にある職場の特徴として、「コミュニケーションが少ない」、「社員同士の助け合いが減った」「個人で仕事をする機会が増加している」などの変化が起きていたことがわかりました。職場でのつながりの希薄化は、社員の心理に悪影響するのです。

メンタルヘルスの問題は、企業にとっても高額の労務管理コストの負担につながるため無視できません。メンタル面での不調などで30代の男性社員が6ヵ月休職した場合、会社に400万円以上の損失が生まれると推測されます。

「体調が悪い」と朝に連絡があり、欠勤することが続いている。髪がボサボサで整えず、ときには髭《ひげ》もそらずに会社に来るほど、朝の時間に身だしなみを整える余裕がない。書類を紛失する、単純なケアレスミスが多発する、計算を間違えるなど、以前とは違うおかしな傾向が目につくようになった……これらは全て、メンタル面の不調のサインです。

思いやりに欠ける職場とは？

メンタル問題の原因はストレスにあり、職場でのストレスの一番の原因は3大ストレスの一つである「**ネガティブな対人関係の問題**」にあります。

これはネガティブな上司がいる、といった上下関係だけではありません。その職場に在籍するだけで、なぜか元気を失い、気持ちが後ろ向きに変わり、ポジティブな人が消極的な人になってしまう、活力を奪ってしまう組織があるのです。

それは**その職場に「思いやり」が欠けているから**だと私は考えます。

「思いやりなんて、子どもじみたことだ」と感じる人もいるでしょう。たしかに、小学校の道徳（現在は総合教育）の時間に「思いやりのあるクラス」をテーマにした授業がありました。でも、子どもの頃に習ったことが、大人になってからもできていない職場が多いのです。そして、これは職場だけではありません。家庭でも地域社会でも、思いやりのない関係や質の低いつながりが増えて社会問題になっているのです。

この「思いやり」の大人版の研究が、実は欧米の心理学者に注目されています。アメリカのスタンフォード大学の研究者も属する米国の思いやり研究所（CompassionLab）では、職場における思いやりの研究が科学的に進められています。

皆さんの職場は、思いやりのある関係に満ちあふれているでしょうか。それとも、思いやりが少ない、つながりが希薄な職場でしょうか。

思いやりの研究家が作成した次のページテストで、皆さんの職場の「思いやり度」を診断してみてください。

思いやりのない組織の3つの特徴

研究によると、思いやりのない組織には以下の3つの特徴があることがわかっています。

1. 従業員がとても忙しく、誰かが困っていようと注意を払うことがない。
2. 人に助けを求めることは、それが痛みを伴うつらい状況であったとしても、弱みの

■ 思いやりのある職場診断テスト

現在または過去に勤務した職場で以下の行動がどれほど見受けられたかを回想し、1から5の尺度のなかから最も当てはまるものを選択してください。

1	2	3	4	5
ほとんどなかった	あまり見られなかった	ときどき見られた	よく見られた	常に見られた

1. 私が困ったり不安を感じたりしているときは、職場の誰かが心配してくれると感じる。	①②③④⑤
2. 私の職場の上司たちは、誰かが大変な時期にあるときには、話しかけ聞くための時間をもつ。	①②③④⑤
3. 職場で誰かが困ったり傷ついたりしたのを見ると、援助や助けを気軽に提供される。	①②③④⑤
4. 新人が職場に来るときは、新しい環境に早く馴染むために優しさと思いやりをもって接する。	①②③④⑤
5. 自分の職場にいると、自分は価値ある一人の人間として見られていると感じる。	①②③④⑤

引用元:Compassion Lab(2013)からの抜粋
著者の翻訳による

採点方法

全ての点数を合計します。

合計値は5～25点の間で、スコアが高ければ、思いやりの傾向が強い職場であると考えられます。

サインであると見られるため憚《はばか》られる。

3. 職場で誰かが自分の問題やトラブルについて話すと、他の人たちを不安にさせ、その人は避けられるようになる。

思いやりのない組織の究極の姿は何でしょうか？　私にはある寓話が思い出されます。

——この世とは別のある世界では、食事の時間になると人々がごちそうが煮え立った鍋のまわりに集まっていました。しかし、この世界では、ひとつ決まりごとがありました。それは長い箸を使って食事をしなければならなかったのです。

人々は長い箸で鍋の中のごちそうをとって食べようとするのですが、箸があまりに長いので、どうしても自分の口にごちそうが届きません。そのため、人々は何も食べられず空腹で、やせこけていました。他の人の食べ物を横取りしようとして、険悪な関係性をもっていました。

ところが、別の世界では、人々は同じように長い箸をもって食事を迎えているのですが、穏やかな顔をして楽しそうにごちそうを食べていました。長い箸を使って鍋からごちそうを取り、それを鍋の向かいにいる他の人と分け合って、お互いに助け合って食事をしていたからです。

この世界の門番である閻魔大王はこう言いました。「自分のことばかり考えている人は、争い事ばかりして何も食べられず、この世界はまるで地獄のようだ。しかし、お互いを思いやって助け合う人にとっては、腹を空かせることもなく仲良く暮らすことができる天国のように思えるだろう」と――

逆境から人を助けるのが思いやり

思いやりは、本人がつらく苦しい逆境に直面しているときこそ必要とされるものです。ところが、社員同士のつながりが希薄な職場では、レジリエンスに必要な社会的支援（ソーシャル・サポート）が得られにくいのです。

オフィスや研究所、工場や営業の現場などの職場では、私たちはさまざまな苦難に出合います。長時間労働が強いられる職場もあれば、上司の不誠実な言動に悩んでいる社員がいる職場もあります。同僚の不正な行為を発見して内部告発すべきか葛藤する危機的状況もあれば、社内のいじめ・差別・無視が存在することもあります。

上役たちが社内政治にかまけて組織が腐敗している、もしくは会社がリストラ続きで社内のモラルが歪んでいる場合もあります。セクハラやパワハラも横行しているかもしれません。特に「ブラック企業」と呼ばれる会社では、苦難が多いでしょう。

プライベートの困難に悩み、仕事になかなか集中できない人もいるかもしれません。本人や家族、親の病気や入院の問題、家庭内の人間関係によるストレスの問題、家計や子どもの教育費などの経済的な不安、さらには離婚や死別などの家族の別れによる無力感などが考えられます。

思いやりのある社員がいる職場であれば、誰かが気づいて心の支えとなってくれるかもしれません。しかし、思いやりに欠け、親密性のない職場では、逆境を乗り越えるために必要な「社会的支援」を会社に期待することはできないのです。

思いやりは、もともと仏教思想における「慈愛（メッタ）」が由来となります。仏教思想は現在西洋で見直されており、仏教心理学（Buddhist Psychology）として心理学者の間で研究が進んでいます。

この慈愛とは「他者が苦難とその原因から自由になるという望み」を表します。思いやりのある組織では、社員の苦労を見過ごすことなく、助力し合う関係があるのです。

思いやりを形成する3つのアクション

職場で思いやりを生み出すためには、どんな具体的な行動をすればいいのでしょうか？心理学者によると、それには3つのステップがあるということです。

ステップ1が、「**Notice**（**気づく**）」です。相手の苦しみや困難、不安や悩みに気づき、ネガティブな感情を表情や態度の変化からすぐさま察知することです。この他者への心配りなしでは、思いやりのある人にはなれません。

そのためには、非言語のサインに注意を払う必要があります。表情がいつもよりも暗く感じられたとき、声のトーンが低く元気がない様子のとき、目がうつろだったり自分と目を合わせようとしなかったりするとき、緊張で肩がこわばっているときなど、「助けてほしい」というサインにはさまざまなものがあります。

ステップ2が、「**Feel**（**共感する**）」です。相手の心理的な痛みや感情を自分でも感じることができ、そのつらさを共有することができることです。これは、上から目線で接する「同情」とは異なります。同情的な接し方では、本人は助けようとしていても、相手は

■思いやりを形成するアクション

Notice	相手の苦難・悩みに気づく
Feel	相手の心理的・感情的なな痛みを共感する
Respond	悩みや痛みを和らげる行為をする

（Lillius, et. al, 2008）

職場のつながりが希薄化した「幽霊船」組織では、
これらの思いやりのある行為が見られない

「かわいそうだ」と思われていると思い劣等意識を感じてしまうかもしれません。あくまでフラットな目線で共感することが、思いやりのアクションとなります。

ステップ3が、「**Respond**（**対応する**）」で、相手の心理的痛みを緩和する行為をすることです。慈愛の深い人は、その人が抱えている悩みに共感し、信頼と安全のある場を作り出し、相手が自己開示できる心の準備ができるのをじっと待ってから、相手の話に傾聴します。まずラポール（信頼関係）を作り出すのです。

これら3つのステップを踏むことで、思いやりのある行為が可能となります。それは、社員同士のつながりが希薄化した「幽霊船」のような組織には見られない行為です。

いい職場とは何か？

私は「社員の幸福度が高い会社」や「働きがいのある会社」を訪問し、人事担当者や現場で働くマネジャー、経営者らに取材を重ねながら、「いい職場とは何か」についての研究を続けています。

それらの会社は、社員の幸福度や満足度が高いだけでなく、困難に直面しても短期的に立ち直り、挑戦や逆境を乗り越える「レジリエンスのあるカンパニー」でもあります。

そして、私が訪れた職場はいずれも「幽霊船」組織とは真逆の、そこで働くだけで活力が生まれ、自分の仕事の能力値がレベルアップしたように感じられるハイパフォーマンスな組織でした。その会社に一歩足を踏み入れただけで、違いが肌で感じられるほどです。

それらの会社は、日本マイクロソフト、Plan・Do・See、コールドストーン・クリマーリー、伊那食品工業、MTG、ウィルグループなど、そのどれもが着実に成長を重ねる優良企業です。これらの会社で共通している点が、社員の「助力ある行為」を促進する社内文化があることでした。

心理学の研究でも、思いやりのアクションや助力ある行為を発揮することで生まれる

「親切心」や「感謝」といったポジティブな感情は、思いやりを与える「ギバー」だけでなく、助力を受ける「レシーバー」、そしてその行為を観察する「オブザーバー」にまでプラスの波及効果があることがわかっています。

慈愛研究の主要人物であるアメリカのミシガン大学経営大学院のジェーン・ダットン博士も「思いやりのある行為を目の当たりにすることは、私たちの思いやりを高め、相手をいたわる寛大さを啓発する」と伝えています。

誰か一人が助力ある行為をすると、その思いやりのあるアクションを見ていた同僚が啓発され、職場のなかで互助の関係性が広がっていく。高いマインドをもった人たちが相互に影響し合って、美徳のある文化を作り出していくのです。

自分が受けた恩恵を次の他者に送る行為を「ペイ・フォワード（Pay it forward）」と言います。映画のタイトルにもなっている言葉ですが、アメリカのスターバックスでもペイ・フォワードの行為が大きな広がりを見せて話題になりました。

それは、フロリダにあるスターバックスで起きたことです。ある女性客が列の後ろにいる見知らぬ客に好きなコーヒーをおごったところ、そのおごられた客が別の客に同じ行為をしたのです。それが継続され、なんとその店では計378名がペイ・フォワードしたのでした。

「助け合いのある職場」が海外の企業で注目されつつあるのは、モチベーションの低下やメンタルヘルスの悪化などのネガティブな問題の処方箋として有効だからです。そして、21世紀に企業が生き残る上で欠かせない能力である「創造性」にも、助力ある組織は有利なのです。

神戸大学大学院の鈴木竜太教授は「近年、日本では成果主義に基づく人事制度が多く取り入れられたが、過剰になったところもある。そのため、自分の仕事への責任感は増したかもしれないが、他者の仕事に対する関心を失っているように思う。『与えられた仕事をこなせばよい』という価値観で仕事をしてしまう」と警鐘を鳴らしています。

鈴木教授が研究し提唱するのが「関わり合いのある職場」です。人々が関わり合いながら仕事を進めることが多い職場では、「創意工夫行動」「勤勉行動」「支援行動」の小さいけれども大切な3つの行動が促され、組織の強さと高い業績につながっているのです。

社員同士の助け合いで生産性や業績までも改善される

社員が互いに関わり合い、助力し合うチームや組織が、創造性の高い組織文化を形成するだけでなく、生産性や業績までも改善される。これは決して新しい発見ではありません。戦後、日本経済の再起の原動力となった高成長企業であるトヨタやホンダ、松下電器産業（現パナソニック）やソニー、日立や東芝などの成功を収めた企業にとっては常識とされていたことです。

しかし、バブル崩壊後に自信を失った企業では、米国流の経営手法である実力主義や成果主義が取り入れられ、日本企業の「強み」であった関わり合いや助け合いのある働き方が忘れ去られようとしていました。

それは職場だけでなく、家庭においても同じ状況です。ひとつ屋根の下に住みながら、親子や祖父母と関わり合うことが少なくなっています。私が子どもの頃は、朝食時や夕食時になると、私と妹、両親、祖父母、そして曾祖母の7人が食卓を囲み、わいわい話しながら食事をとっていたものです。夕食後には家族全員が6畳ほどの居間に集まり、毎週土曜日の夜にはドリフターズの「8時だヨ！全員集合」を観るのが恒例でした。

それが現在では、子どもは塾があるため一人で早めに食事をすませ、父親は残業で遅く帰宅し、母親も仕事などで忙しく、家族が顔を合わせて食事をする機会が減少していると聞きます。コンビニやファストフードの進化もあり、個食化も急速に拡大しています。リビングルームで一家揃ってテレビを観ることもまれで、家族個人がそれぞれスマホやタブレットPCで好きな番組やネットを観て過ごす娯楽の個別化も進んでいます。

結果として、職場だけでなく、家庭においても互いに関わり合うことが少なくなっています。関わり合うことがなければ、相手の表情や体調の変化に気づくこともできず、悩みや不満があっても思いやることができません。

職場と家庭でのつながりの希薄化は、私たちが人生のほとんどの時間を過ごす2つの場においての「**孤立化**」を招きます。そして孤立感は、幸福度や人生の満足度にマイナスに働くことがわかっています。「**自分は孤独である**」**と感じると、人は幸福度が下がってしまうのです。**

職場や家庭での孤立化は、海外でも見られる問題です。その反動なのか、個人主義・実力主義の競争社会でもあるアメリカの企業で、コラボレーション型の「助力ある組織」が見直されていることは、非常に興味深いトレンドです。

特にその傾向が強いのが、米国西海岸に本社のあるGoogleやFacebook、PixarやDreamWorks Animation、そしてデザイン会社であるIDEOなどの高成長企業です。

それらの企業には、ひとつの共通項があります。それは「**革新性**」を経営の中心に据えていることです。**イノベーションを生み出すには、助け合いのある職場が必要だということに気づいているのです。**

革新型企業「ピクサー」の例

たとえば、創造性あふれる商品やサービスを次々に市場に投入し、この10年間で最も成功した企業のひとつにアメリカのPIXER ANIMATION STUDIOS（以下、ピクサー）があります。私が大好きな会社でもあります。

ピクサーといえば、『トイ・ストーリー』シリーズをはじめとして、数多くのブロックバスター映画を製作した、世界でも有数の映画スタジオです。ほぼ毎年のように長編映画を公開していますが、その全てが全米公開時の興行収入1位を記録し、過去の13作品の世界興行収入の平均はなんと600億円！　製作費が100億～200億円ですから、いかに商品の利益率が高いかがわかります。（ちなみに日本の歴代興行収入第1位は『千と千尋の神隠し』の約300億円です。ピクサー作品の売り上げのスケールが理解できます）

ピクサーはもともと『スター・ウォーズ』シリーズで有名な映画監督のジョージ・ルーカスがもつルーカスフィルム社のコンピュータ・アニメーション部門が前身でした。

■信頼ベースのクリエイティブ集団ピクサー社

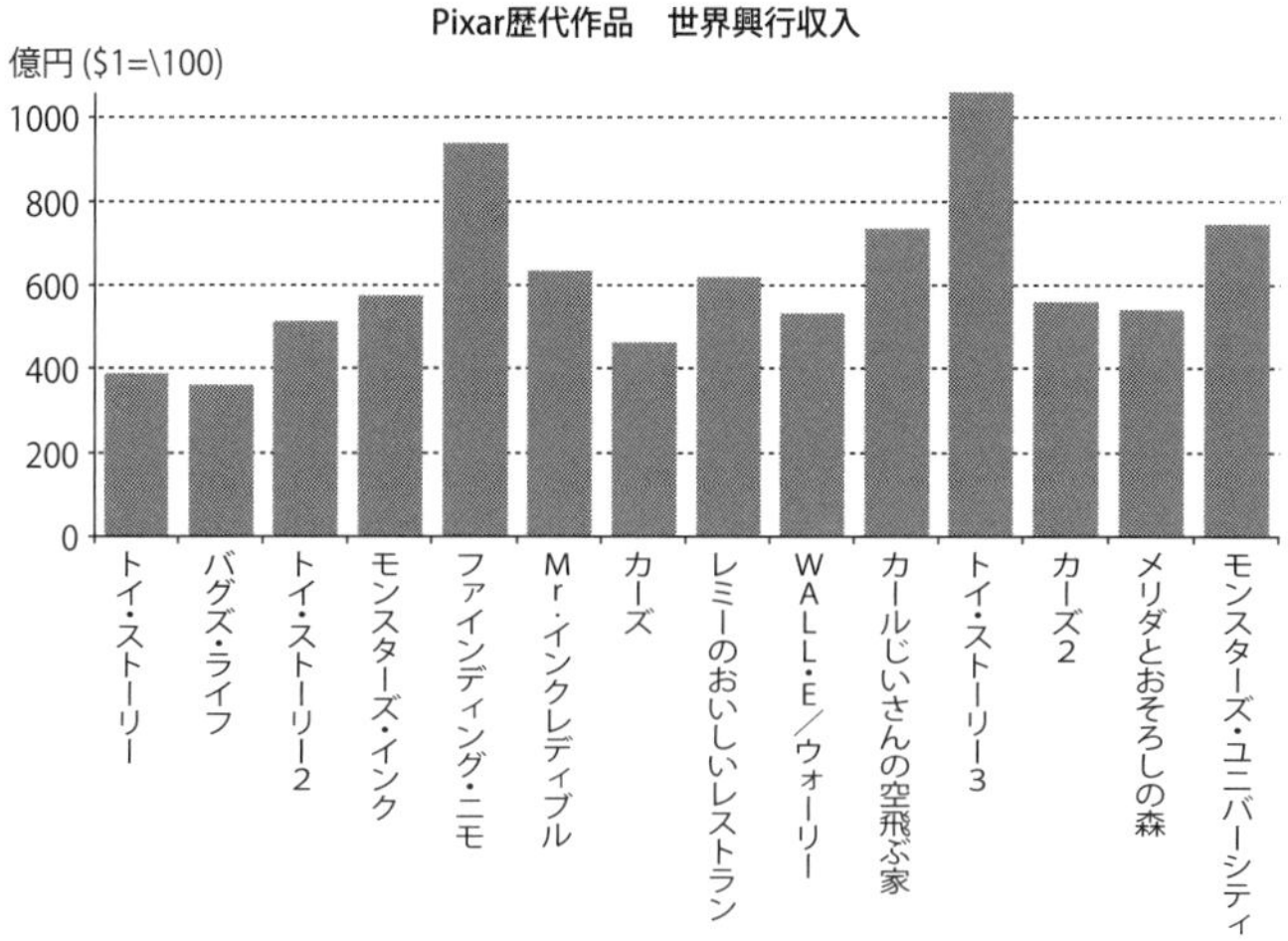

参考元：Box Office Mojo(2013)

ジョージ・ルーカスが離婚訴訟のためにまとまった現金が必要な際に、スティーブ・ジョブズに売却し、ピクサー社に改名されたのです。

もともとCG機器を開発するIT企業であったピクサーの本社は、映画の都ハリウッドではなく、シリコンバレーのあるサンフランシスコのベイエリアにあります。アップル本社やジョブズの住んでいたスタンフォード大学近隣から車で1時間ほどの場所です。

そのため、ピクサーでの映画づくりや会議の進め方、そして職場での関係性は、ヒエラルキー意識が強いハリウッド式のトップダウン型ではなく、シリコンバレーにあるIT企業に近いフラット型でした。

ITベンチャーに多い「遊び心を大切にする文化」もピクサーにはありました。本社のオフィスに入ると、まず空港のように広い玄関で、『トイ・ストーリー』のウッディやバズ・ライトイヤー、モンスターズインクのサリーとマイク、Mr.インクレディブルのメインキャラクターたちが出迎えてくれます。まるで東京ディズニーランドに足を一歩踏み入れたような楽しい雰囲気が感じられるのです。

オフィスの中も、広い個室が与えられた社員が自分の嗜好性に合わせて部屋をデザインしているので、まるで自宅の一室のような空間となっています。鍵がついたドアのあるため、プライバシーも守ることができます。

吹き抜けの大空間が中心に据えられているこの広大なオフィスの設計では、ジョブズが新社屋をデザインするにあたって、ピクサーとしての最も重要な何かをコンセプトに据えたいと考えました。それが「**従業員同士の関わり合い**」でした。

ピクサーのオフィスに広大な空間があるのは、社員たちが常におしゃべりができるような、オープンな空間をジョブズが望んでいたからです。会議室やミーティング・スペースも天井が高く、開放的でリラックスできるため、自ずから活発なコミュニケーションが交わされます。つながりのある関係性が自然に生まれるデザインになっているのです。

ちなみに最近の職場では、敷居や壁のない「オープンオフィス」が流行していますが、ピクサーでは、社員個人が作業する環境ではプライバシーが確保されています。これは、静かでプライベートな場で仕事をすることを好むクリエイターの意見を尊重して、ジョブズをはじめとする経営陣がオフィスを設計したからです。オープンなオフィスは営業系の仕事には対話が弾むため向いていますが、創造的な仕事をする人はノイズが気になるので、あまり好まないのです。個人の空間はクローズに、共有空間は限りなくオープンにデザインされたピクサー本社は、社員のニーズに合わせてメリハリが利いています。

注目の手法「ブレーン・トラスト」とは

アニメーションを製作する業界は、その作品のイメージから楽しそうな職種に思えます。しかし、アニメーターとしての仕事はハードワークです。ストレス度が高く、決して楽なものではありません。業界の離職率も高いことが問題になっているのですが、ピクサーは比較的離職率が低いのです。

ある社員がツイッターでつぶやいた言葉によると「(ピクサー初期の作品である)『モンス

ターズ・インク』に関わった190人がまだピクサーで働いています。そのうちの50人は、その10年後に公開された『モンスター・ユニバーシティ』の製作にも関わったのです」ということで、その定着率の高さがうかがえます。

世界に誇るクリエイティブ集団として、ヒット映画を連発し、社員の満足度も高い卓越した実績のある企業であるピクサーの秘密は何でしょうか？　その答えは、最近出版されたピクサーの社長であるエド・キャットムルの本『ピクサー流　創造するちから』（ダイヤモンド社）で明らかにされました。その本で紹介され、注目を浴びた手法が「**ブレーン・トラスト**」です。

ブレーン・トラストとは、製作中の映画作品においてその監督が支援を必要とした場合、監督、脚本家、ストーリー監修のスタッフなどのブレーン集団を集め、その作品の最新リールを見せた後に、その作品をエクセレントなものにするために、**率直に意見を言い合う「ピクサー式の会議術」です**。今では、数ヵ月ごとに製作中の作品を見て、ひたすら「本音トーク」を繰り返す、密度の高い会議が開かれているそうです。

もともとは、ピクサーの初期に将来の社運を決定づける『トイ・ストーリー』と『バグズ・ライフ』の2作品が同時製作されたときに生まれた手法でした。実はそのときに『トイ・ストーリー2』が並行して製作されていたのですが、社運を懸けた2作品にベテランスタッフが優先された結果、若く経験の少ないチームが担当せざるをえなくなりました。そのため、問題が頻発し、仲間割れも起きていたのです。

問題を解決できるリーダーを外部からヘッドハントして製作チームを指揮させたくても、当時のピクサーにはその予算もなく、ジョブズもそのやり方は好きではなかったようです。そこでジョブズは「ピンチのときに新しい人材を探す暇はない。身近にいる人員を総動員して、彼らを信じてこの問題を乗り越えよう！」と励まし、ベテラン監督らに助力を要請したのが「ブレーン・トラスト」の始まりでした。

「もはや一人ではない」

その後、ピクサーがヒット作品を生み出す創造性の基盤となったのがこの「ブレーン・トラスト」ですが、この本音ベースの会議術はそう簡単にまねることができません。助け合いのある信頼に結ばれた組織文化が必要だからです。

ピクサーには「もはや一人ではない」という独自の企業文化を表す言葉があります。「一人はみんなのために、皆は一人のために存在する」という平等意識を大切にする文化です。

誰とでも自由にコミュニケーションができ、気兼ねなくアイデアを提供できる社風があるのです。本音ベースの意見の言い合いになったとしても、そこには社内の上下関係や政治的なしがらみは一切あってはならないとされています。

「これらの信頼性の高く互助的な関係性を守るために、その障害となる全ての要素と闘って社員のクリエイティビティを守ることが、経営管理者としての職務である」とキャットムル社長は書籍で語っています。

助け合いや相互の信頼関係が薄い組織にこの「ブレーン・トラスト」という会議術を根付かせるには、時間がかかります。なぜなら、社内文化は簡単には変わらないからです。

そのことが証明されたのが、キャットムル社長が「ブレーン・トラスト」の手法をピクサーからディズニーに輸出しようと試みたときでした。

ジョブズがピクサーの親会社としてディズニー社を迎えた際に、ディズニー社CEOボブ・アイガーから、不振続きのディズニーアニメの立て直しのために、ピクサーの逸材に助けてほしいと請われました。そこでジョブズが送り込んだのが、エド・キャットムル社長とピクサーのCCO（最高クリエイティブ責任者）であるジョン・ラセターの2人だったのです。

実は、ディズニーでもピクサーの成功事例を模倣して、すでにブレーン・トラスト的な会議を採用していました。ところが、全く機能していなかったのです。キャットムルやラセターの目から見ると、その理由は明確でした。

ハリウッド的なトップダウンの文化をもつディズニーと、シリコンバレー的なフラットの文化をもつピクサーの社風の違いが影響し、会議の運営の仕方が間違っていたのです。会議室に「上下関係」が残されており、自由に議論を行うことができていませんでした。

閉塞的でヒエラルキーを重んじる古い文化から、助け合いや思いやりに価値を置く新しい社風に変化させるには時間がかかるものです。ディズニーにおいても、アニメーション映画製作チームがブレーン・トラストを高いレベルで運営できるまでには、数年を要したとキャットムルは著者で語っています。

しかし、その効果は絶大でした。キャットムルとラセターがディズニーのアニメーション製作部門のトップに就任してから、ディズニーアニメは息を吹き返しています。映画『アナと雪の女王』は世界的な大ヒットとなり、キャットムルとラセターが関わったピクサーの『トイ・ストーリー3』を上回るアニメ史上最高の興行成績となっています。

事例11

私が出会った「レジリエンス・リーダー」

私が勤務したP&Gも米国系企業ですが、ある意味で古きよき日本的経営手法にも通ずる側面がありました。たとえば、「人材」を企業の中核とし、「信頼」を会社の重要な価値観としていたのです。そして社員同士が関わり合うことを望ましい働き方とし、結果を出すために助力することがリーダーに期待される行動とされていました。

P&Gでは多くの世界クラスのエリートと直接働く機会がありましたが、そのなかでも特にオーストラリア人の女性上司のJさんのことが思い出されます。

Jさんが事業本部長として赴任する前は、事業は苦戦していました。

事業の落ち込みを食い止める仕事は、実にストレス度が高いものです。それだけハードに働いても、業績が昨年対比でマイナスになっているのを見ると、士気が下がり無力に感じてしまうものです。心理的にも疲弊することが多くありました。その状況がかなり続いたので、幹部社員や現場の社員が他の事業に異動するなど、その事業部から離れる人が続出していたのでした。私の直属の上司も、毎年のように交替していました。

Jさんに課せられたミッションは、ビジネスと組織のV字回復です。その難業にJさんは軽やかに立ち向かい、スピーディーな立ち直りを実現したのでした。それは見事な事業の回復劇でした。

私もJさんと働けることを、とても楽しみにしていました。彼女のことは以前から知っており、一度ランチを一緒にしてキャリアの相談に乗ってもらったこともあります。部下からも非常に慕われており、社内での評判も高く、彼女が担当した社内研修はいつも最高レベルの評価を受けていました。本人のビジネスへの熱意と人に対する思いやりが感じられる人でした。

Jさんが事業を担当する事業本部長として赴任してから、職場のムードが一転しました。未達で終わることが多かった目標の達成率が高まり、「やればできる！」という組織効力感が醸成され、サクセス・ストーリーを社内で頻繁に耳にするようになったのです。その一年後には事業の業績が完全に回復し、会社で最も成功した事業部門として全社から認められるほどの成果を挙げたのでした。

「I Need Your Help」

Jさんが赴任してからすぐに、私との1対1のミーティングが設けられました。彼女が率いるリーダーシップチームのメンバーに、その対話の機会が与えられたのです。それはプライベートな事柄も含めた自己紹介の場でもあり、リーダーに期待を伝えるビジネスの場でもあり、事業のトップが「信条」を語る教育の場でもありました。

世界クラスのリーダーは、自らの「信条」を文章化し、それを直属の部下や組織のメンバーと共有することで相互理解を深める習慣をもっています。まずは自己開示し、自分が何を大切としているかを知ってもらうことで、親密性のあるつながりを作り出すのです。

私は、Jさんの信条を聞いたときの対話が非常に印象に残っています。

それは「クゼさんとこの素晴らしいブランドのために働く機会をもてて、とても嬉しく感じています」という言葉から始まった一時間ほどのミーティングでした。特に時間を割いたのが、Jさんが最も大切としていたある信条が語られたときでした。

「今日は二人だけで話ができる貴重な機会なので、私と直接働くことになった人に伝えているお願いをします。いいですか?」と彼女が告げました。

「もちろんです。どんなことですか？　かなり難しいことですか？」と私が聞くと、

「いいえ、とてもシンプルでイージーなことです。でも私と働くかぎり、絶対に忘れないでほしい。それは約束してもらえますか？」と念を押されました。

「わかりました。教えて下さい」と私は答え、何が伝えられるのか興味津々でいました。

「それは仕事で何か困ったことがあったら、問題を自分だけで抱え込まずに、躊躇することなく私の助けを求めることです。そのために覚えておいてほしいマジックワードが『I Need Your Help』です」

「はい……」

「もし助けが必要なときには、必ずこの言葉をメールのタイトルにわかるように書いてほしい。そうすれば、私がどれだけ忙しくても、最優先でそのメールに目を通します。そして、即座にその問題の解決のためにアクションをとるか、適切な人に私の代わりに助けを依頼します」

「それはとても助かるのですが、そんなことをして大丈夫ですか？　忙しくて、それどころではないのでは？」

「心配は必要ありません。事業本部長としての私の一番大切な仕事は、あなたたちが能力

や強みをフルに発揮して、仕事に貢献できる環境をつくることです。なぜなら、私が自分の手で直接できることは限られているからです。私の業績のほぼ全ては、あなたたちを通して達成されるものだからです」。Jさんは熱心に語り続けました。

「だから、私の機嫌を窺《うかが》って仕事するのではなく、あなたが担当する仕事への貢献に集中してほしいのです。そして、その達成の障害となるような問題や壁があれば、それを取り除くために私を利用してほしいのです」

「なるほど……」

「問題やトラブルは、早期に手をつけないと複雑になり、あっという間に拡大します。問題解決には、スピードが命です。失敗をしたら、いかに早く対処するかが肝要です。でも人は自分の失敗や会社にとってネガティブな問題は隠したがるものです。問題を抱えたたま、一人で悩み苦しむこともあります。または、自分で解決できると思い込んで無理をすることもあります。すぐに対処せずに、問題を先送りしてしまうこともあるのです。その結果、問題が大きくなり、会社にとって深刻な損害となることもあります。それは、本人にとっても不幸なことです」

「そうですね」

「だから、クゼさんが困ったことがあって、私の助けを必要とすれば、すぐに教えてほしい。私には予算や人材のリソースや、豊富な経験があります。柔軟に解決できる自由度も大きいのです。予想以上に迅速に解決できることが多いのです」

「たしかにそうですね」

「そしてクゼさんも私と同じように、あなたの部下に同じ態度を示してほしい。何か困ったことがあれば、自分で抱え込まずに、まずは報告してほしいと伝えて下さい。『I Need Your Help』とメールで伝えることを徹底させて、もしその言葉を目にしたら、他の仕事は後回しにして最優先で支援行動に移ってほしい。これが私からのお願いです」

その会議のあとに、私の胸の内には温かいものが込み上げてきました。思いやりを与えられた瞬間に感じた質の高いつながりの結果でした。

優れたリーダーは人に助けを求める

『I Need Your Help』、つまり必要なときに積極的に助けを求めることが、この上司の信条のひとつでした。そしてこの信条が組織全体にさみだれ式に伝播することで、事業部の文化が一気に変容したのでした。助け合いのある風土が生まれたのです。

助力ある関係を職場で育むときに邪魔になるのは、「遠慮」や「恥ずかしさ」などの心理的な障壁です。特に私たち日本人は「上司や年上の人に助けを請うことは、その人の迷惑になるのではないか」と遠慮し、「こんなことをお願いしたら、嫌がられるのではないか」と羞恥心をもってしまい、積極的に人から助けをもらおうとはしません。

遠慮や恥の心は、日本人の美徳です。でも、その美徳のために悩みや苦しみを一人で抱え込んでしまうのであれば、それは私たちを不幸にする悪癖だと思います。

この遠慮や恥の気持ちを取り払うのが、リーダー自ら率先して助けを求める模範的行動だったのです。特に「I Need Your Help」のようなシンプルな4つの言葉をマジックワードとして示されると、部下もツールとしても使いやすいものです。

日本語で言うと「ちょっと助けてほしいことがあるのですが」、または「手伝ってもらえると嬉しいのですが」にあたるでしょうか。

私もこのマジックワードを教えてもらってから、積極的に使おうとしました。しかし実際に活用したのは、その上司と働いた一年半のうちで数回です。本当に助けを必要とする場面は、それほどなかったのです。ただ、自分の上司から「いつでも助けを求めていいのですよ」と思いやりのある態度を示されたことは、働く上での深い安心感につながりました。良い上司に巡り会えたことに感謝したものです。

私も、自分の部下にこのマジックワードを伝えました。すると、翌日からバンバン助けを求められてしまったのです。「I Need Your Help」がタイトルのメールの連発です。これには正直、驚きました。同時に、これほどまでに部下たちが助けを必要としていたことに気づかなかったことと、私の態度が助力を求めにくく感じさせていたことを反省しました。

事業本部長であるJさんも、自分の上司にあたる本社の上層部やCEOに向けて、必要に応じて積極的に助けを求めていました。助力を求めることが奨励されていたからです。

たとえばP&Gでは、全ての社内文書が一枚の紙に収まることが期待されており、この「ワンページメモ」が世界共通のスタンダードとなっていました。企画書、提案書、報告書をワンページで書かなくてはいけません。

あるとき、会社のCEO向けのワンページ報告書の最後の欄に「Help Needed」という項目が追加されていたことに気づきました。「助けが必要なことがあれば、いつでも教えてほしい」というトップの姿勢が社内文書に反映されていたのです。これは、とてもパワフルな助力ある組織文化をつくりだす仕組みだったと思います。

なぜ、助けを求めることが重要なのか？

助けを求めることを、心理学では「援助希求」と言います。誰かに助けを請うことは弱者の態度のように思われますが、それは誤解です。ストレスに耐え、逆境を乗り越えるためには、自分の心の支えとなり助けてくれるサポーターの存在が必要だからです。

レジリエンスと社会的支援（ソーシャルサポート）の関連性は、多くの研究で明らかになっています。特にサポーターが必要なのが、病という逆境です。心臓発作や脳卒中など、迅速な助けが生死を分ける病の場合は、自分のまわりにサポーターがいたかどうかが命を左右するのです。

また、まわりからのサポートがある人は、ストレス時に分泌されるホルモンであるコルチゾールがそうでない人よりも抑制されることもわかっています。

しかし、仕事に自信がある人ほど、「人に頼らなくても自分の力で問題を解決できる」として、サポーターの重要性を軽視している人が多いのではないかと感じます。それは過信だと思います。

それを示唆する興味深い調査結果があります。東京大学の中原淳先生の調査によると、助力・助言を積極的に求めるマネジャーのほうが、助力を求めない孤独なマネジャーよりも仕事での業績が高いことがわかりました。

人が次々と辞めていくような「幽霊船組織」で働くことは、大きな逆境となります。とくに思いやりに欠けた組織では、いざ何かトラブルがあったり、事業上の危機に瀕したりしたときに、助け合おうとしません。担当者が孤立し、孤軍奮闘しなくてはいけない場合もあります。

もしそのような組織で働くことになった場合は、2つの選択肢があると考えます。

まずは**自分の「サポーター」を見つけること**。その部署にいなければ、他の部署にサポーターを求めることです。それができない場合は、2番目の選択肢として異動願いを出すなどして「**その職場を離れる**」ことも考えられます。まじめでがんばりやなハードワーカーほど、エネルギーを消耗するような幽霊船組織の犠牲者になってしまうからです。

現実的な視野をもち、合理的に考え、しなやかに問題に対処するレジリエンスの高い人は、何かに過剰に固執することもないのです。

第4章

キャリアの節目での「逆境力」

レジリエンスが試される「キャリアの節目」

「ほんの一握りの、真のリーダーたちには共通することがある。それは、クルーシブル(crucible 厳しい試練)を成長の機会に変えてきたことだ」と伝えるのは、リーダーシップ論の大家であるウォレン・ベニス博士です。

ベニス博士が、米国の財界と官界を代表する40人に調査を行ったところ、その全員がリーダーシップに目覚めるきっかけの人生の転機は偶然の出来事だったと語りました。それは大学で学びながら気づくような生やさしいものではなく、仕事の現場で揉まれ、途方もない試練に直面した際に、もがき苦しみながら何かを学び取れた経験、逆境から意味を見出せた体験が真のリーダーシップを備えるに至ったのです。

この調査を経て、ベニス博士は「**リーダーになる道は、いわば苦行のようなもの**」と考え、心に痛みを感じるような修羅場を渡りながらも「自分は何者か」「自分が一番大切にしているものは何か」を内省する機会としてとらえ、立派な指導者になった人のことを**「クルーシブル・リーダー」**と呼びました。

これらのリーダーが「自分にとって非常に厳しい試練だった」と語っていたのが、「周囲からの偏見」でした。人よりも高い基準を掲げてハードに仕事をしている自分の姿を見て、他の人が冷たく接したり批判をしてきたことがあったそうです。

そのときに、これもある意味偶然かもしれませんが、厳しい上司やメンターに巡り会い、鋭いアドバイスを得るという貴重な経験をしています。ある種の試練とも言えるのですが、後になって活かされる試練です。なぜなら、厳格な上司・先輩・親からの叱咤激励の言葉は、逆境時の「社会的支援（ソーシャルサポート）」になり、自分が挑戦を乗り越える努力をし続ける動機づけとなるからです。

「大きな器が作れたかどうかは、キャリア上の節目で一皮むけてこれたかどうかである」と考えるのが、神戸大学大学院の金井壽宏教授です。関西経済連合会で、国内で初めて「一皮むけた経験」のインタビュー調査を20人の経営幹部に行い、66の事例を集めて分析を行いました。現在、企業でトップの役割をしている多くの人が、それまでのキャリアで3度以上の「節目」を経験していたことがわかったのです。その経験は、異動、海外勤務、左遷、降格、ストレスの高い職務でした。さらには、**昇進・昇格に伴う大幅な権限の増加によるプレッシャーもキャリア上の「修羅場」として捉えられていた**のです。

興味深いのが、米国の調査では管理職や経営職への昇進を「キャリア上のハイライト」とポジティブに捉えていた人が多かったのに対して、日本国内の調査では昇進・昇格を「キャリアでの逆境」としていた人がいたことです。謙虚さを美徳とする日本人の特質でしょうか。またはキャリアの早期に「ハイポテンシャルの人材」とされ、将来リーダーになることが自明の米国企業の幹部候補と比べ、日本では辞令を受けるまで自分が幹部候補とは知らされていないことが多いからかもしれません。

いずれにしても、私たちが20代でスタートし60代半ばまで続く長いキャリアにおいては、数々の節目があり、その多くが難関、修羅場の境遇であったりします。ただハードに仕事をするだけでは、それらの逆境を乗り越えることはできません。

そのためには、レジリエンスが必要です。そして、これらの節目のたびに、レジリエンスを磨いて、強くたくましくなって次の節目に向かう自己成長の繰り返しも大切です。

特に必要になるのが、レジリエンスを高める第3の技術である「**自己効力感**」と、第5の技術である「**社会的支援**」だと考えられます。

事例12

まじめな新入社員の入社後の試練

あるベンチャー企業に入社したKさんは責任感も強く、努力も惜しまないまじめな性格で、目標に対する意識も低くはなかったのですが、4人の同期の中では業績の伸び悩みを感じていました。

法人営業部門での仕事を始めた頃に、顧客の都合によって、あるプロジェクトで失敗をしたことが本人の自信を失わせ、モチベーションにも悪い影響を与えていることが感じられました。弱気な発言をするのが、会議でもときおり見られたからです。

プロジェクトについて打ち合わせをするミーティングでも、「これは目標だからやらなければいけませんよね」と仕事の目標を「Have to（やらなければならない）」で捉え、会社から言われているからやっているかのような意欲の低い態度も目立ちました。

そこでMBO（目標型経営）の手法を取り入れて、四半期ごとの目標をマネジャーと一緒に設定し擦り合わせをするプロセスを入念にすることで、Kさんの意欲を高めることを狙いました。特にパートナーである顧客にとっていい人材を紹介することが主要業務だったので、四半期の紹介実績という数値的な目標はもちろんのこと、「誰よりもその顧客のことを理解できているか」といった質的な目標も取り入れることで、本人の内発的な意欲を高める工夫をしました。

さらに、モチベーションを持続させるために、目標を達成するまでの道程を「見える化」して、いくつかの具体的なアクションに「細分化」する作業もマネジャーとの定例ミーティングで行いました。「見通し力」を高めることが目的です。

まずは顧客の採用部門を訪問して、現場の生の声を聞く。次に、ベテラン社員と同行して営業の参考とする。会社に帰って、最新の顧客情報を全社会議で共有する。顧客の採用面接に同席して現場感覚を養う。このように個別具体的なアクションを確認し、もしKさんにとって難しい障害があれば、すぐにマネジャーと代替案を考えるように試みたのです。マネジャーとの週1回のミーティングによる事前の打ち合わせ、同行訪問を含む顧客との商談、会社に帰ってからの振り返りのサイクルを繰り返すことで、Kさんの自信も戻ってきたようでした。チームミーティングにおいては、新しい試みとして、メンバー4人全員で一週間の成功体験を共有する時間を最後にもちました。

結果として、Kさんは会社での四半期優秀賞を受ける栄誉を受けました。顧客への人材紹介に成功し、顧客の理解を格段に高め、高い業績を挙げることができたからです。マネジャーは、以前より自信をもって発言するようになったKさんの態度のポジティブな変化が見られたことが嬉しかったようです。

入社後100日以内に高めたい仕事への「効力感」

この事例は、私が経営する社会人向けスクールでレジリエンスを高めるコーチングを学んだ受講生から教えてもらったものです。本人が最も注力したのは、入社後に同期に出遅れて自信をなくしているKさんに、**仕事に対する「自己効力感」を取り戻すこと**でした。

・仕事で思い通りにいかないと、やる気をなくし「辞める」と言う
・難しい問題があると、途中で諦めてしまう
・新しい課題になかなか挑戦しようとしない

もし、新人や新入社員がこのような傾向があるとしたら、本人の業務で失敗し、つまずいたことにより自己効力感が低下しているのかもしれません。失敗してもすぐに立ち直る

ことができればいいのですが、失敗が続くと精神的な負担となり、「もう辞めたいなあ……」と弱気な発言も出てきてしまうものです。

まじめでがんばりやな社員ほど、この問題に直面しがちだと思います。もともとがハードワーカーで、学生時代も熱心に勉強し、宿題を疎かにするようなことはなく生きてきた人たちです。仕事に対しての姿勢も問題なく、努力を怠ることもありません。

ただ、慣れない仕事においては、いくらハードに働いても、それだけでは結果につながらないことがあります。そして仕事への自信を失ってしまうと、手足を動かして仕事をしている時間よりも、「次はうまくいくだろうか……」と心配して仕事が手につかずにメールや書類ばかり見ているような無駄な時間が多くなってしまいます。本人はハードに働いているようでも、成果に結びつかないのです。

自己効力感は英語で「セルフ・エフィカシー」と言われ、「**その人のもつ目標や成果の達成に対する自己の能力への確信と信頼**」と定義されます。

これは、漠然とした自信よりも具体的な、目標達成に欠かせない心理的資源です。ある目標に対して「自分ならやればできる！」と感じる心理的度合いを示します。私は自分が部下を育てた経験からも、**新人は入社後の100日以内に仕事への効力感を高めるべきだ**と考えています。

自己効力感が高い人材は、難しい課題でも逃げずに最後まで諦めずにがんばる姿を見せます。失敗してもすぐに自信を回復する。少し無理だと感じられる挑戦でも「これは自分がひとつ上の段階に進むチャンスだ！」と前向きに捉えて、堂々とした態度で挑むことができるのです。

自己効力感は、モチベーションとも関係します。努力して高い目標にも挑戦しようとするやる気が生まれるからです。自己効力感の高い人は、新しいテクニックや技術をマスターすることが大好きで、時間を忘れて熱心に取り組むようになります。

次ページに心理学者が作成し、世界中で使用されている自己効力感の自己診断テストを掲載しました。皆さんの自己効力感レベルがどのくらいにあるのか、確かめてください。

「小さな成功体験」と「代理体験」を組み合わせる

自己効力感は、アメリカのスタンフォード大学心理学部教授のアルバート・バンデュラ博士がその研究の第一人者として知られています。博士は、自己効力感を高めるには4つ

ワークシート 「自己効力感レベルをチェック！」	
以下の文章は、あなた自身についての本当かまた本当ではない記述をしています。１から４の尺度を使い、もっとも当てはまる記述の数字を書いて下さい。返答では心を開いて正直に答えて下さい。①全く当てはまらない　②ほとんど当てはまらない　③ある程度当てはまる　④とても当てはまる	
１．私は、一生懸命がんばれば、困難な問題でもいつも解決することができる。	①②③④
２．私は、誰かが私に反対しても、自分が欲しいものを手にするための手段や道を探すことができる。	①②③④
３．目的を見失わず、ゴールを達成することは私にとって難しいことではない。	①②③④
４．予期せぬ出来事に遭遇しても、私は効率よく対処できる自信がある。	①②③④
５．私は色々な才略に長けているので、思いがけない場面に出くわしても、どうやって切り抜ければよいのかわかる。	①②③④
６．必要な努力さえ惜しまなければ、私はだいたいの問題を解決することができる。	①②③④
７．自分の物事に対処する能力を信じているので、困難なことに立ち向かっても取り乱したりしない。	①②③④
８．問題に直面しても、いつもいくつかの解決策を見つけることができる。	①②③④
９．苦境に陥っても、いつも解決策を考えつく。	①②③④
10．どんなことが起ころうとも、私はいつもその事に対処することができる。	①②③④
採点方法 各回答の点数を合計します。平均値は 29 点で、より高い数値ほど効力感を表します。	合計点数 点

引用元：一般性自己効力感尺度（Schwarzer and Jerusalem,1995）

の方法があると考えました。

まず1つめの方法が「**実体験**」です。「やればできる！」という信念をもつには、小さな成功体験をもつことが早道だからです。ときには期待値のレベルを下げて、必ずできるやさしい課題を何度も繰り返し、小さな成功体験をたくさんもつことが効果的です。

その一方で、無理に難度の高い課題にチャレンジすると、成功体験の真逆の失敗体験を繰り返すことになり、自己効力感が下がってしまうことがあるので注意が必要です。

第2の方法は「**お手本**」です。うまくいっている人の行動や話し方をじっと観察するだけで「**代理経験**」となり、「自分では無理かもしれない」という不安が「自分にもできるかもしれない」という自信に変わるのです。

日本の子弟制度でも、たとえばすし職人が一人前になるためには、親方に弟子入りして見よう見まねで学びます。人が学習する上で、自分より優れた能力を有する人をお手本とし、まねることは恥ずかしいことではありません。

第3の方法が、まわりにいる人から「**励まし**」を受けることです。これを「言語的説得」といいます。新人にとってはマネジャーからの「あなたならできると思うよ！」という背中を押してくれるような励ましや「これはいいね！」といったポジティブなフィードバックは、とても効果的です。

最後の第4の方法が「**ムード**」です。これは、難しい課題にチャレンジしているときに「うまくいかないかもしれない……」という暗い気持ちになる前にムードを変え、気持ちの高揚感を作り出すことです。チームミーティングなどで気持ちを高める工夫をすることが、その好例です。

Kさんの事例では、自己効力感を高める方法を熟知したマネジャーが、Kさんの仕事の設計や会議のあり方、そして週一回のコーチングを通してこれら4つの方法を駆使していました。

たとえば「実体験」を経験してもらうために、事前のミーティングで入念に打ち合わせて課題を明確にした上で成功するためのアドバイスを行い、準備万端で顧客との商談に臨みました。その結果、小さな成功体験が積み重ねられ、Kさんの大きな自信へとつながったのです。

ときには顧客先にマネジャーと同行訪問をすることで、Kさんに商談に必要なスキルを見よう見まねで学習する機会も与えました。人は、自分と身近な人が難しそうな課題をうまくやってのける様子を見るだけで「自分にもできる！」と感じるので、不思議です。K

さんもマネジャーをお手本とした営業の代理体験により、効力感を高めたのでした。「励まし」は、商談の後に必ずマネジャーと立ち止まって「振り返りの時間」をもち、うまくいった点をKさんから教えてもらうことで与えられました。通常、報告のためのミーティングではうまくいかなかった問題点に話が流れがちで、マネジャーも励ますことができません。Kさんの場合は、マネジャーが意図的に「成功談」を報告してもらうようにしていたので、会議をKさんの自己効力感を高める励ましの場にできました。

成功体験の共有は定例のチームミーティングでも行っていたのですが、これも会議の最後の5分間をメンバーが互いに励まし合うだけでなく、ムードを高め「やればできる!」というチームとしての効力感を高めるための工夫です。

これらが仕事のプロセスの仕組みとして組み込まれていたため、Kさんの自己効力感が日に日に高まり、高い業績の達成と表彰に結びついたのでした。

賞をもらったKさんの自信が格段に高まったのは、言うまでもありません。そのレベルまで自己効力感がアップすれば、ハードに仕事をするKさんの気質との相乗効果でポジティブなサイクルが回りだし、ますます仕事への自信が高まっていくでしょう。

事例13

転職先でつまずきかけた問題

50代のLさんは、二度目の転職先でプレッシャーを感じていました。中堅の外資系企業に入社したのですが、10歳ほど年下の非常に頭が切れる同僚の課長との人間関係に悩まされていたのです。

その同僚は、長い間外資系でバリバリやってきた、とても競争心が激しい人です。週に2〜3回、進捗状況を報告する会議があるのですが、その同僚はLさんの仕事ぶりを厳しく批判することがあり、そのたびにLさんは「なぜ、そんなことをわざわざ皆の前で言うのだろう」と感じて、その同僚に苦手意識をもってしまったのです。

同じ地位にある年下の課長の攻撃的な言動に戸惑い、しばしば憂鬱感や劣等感を感じることもあったそうです。この人間関係のストレスをどうすればマネジメントできるのか、というのが私への相談でした。

中途採用が即戦力になるという過信

私はLさんの話を聞きながら、真の課題は同僚とのネガティブな対人関係でのストレスではなく（たしかにそれもLさんにとっては逆境ですが）、転職後の自己効力感の低さにあるのではないかと感じました。言葉の端々に、新しい会社でプレッシャーを感じている様子が伝わってきたからです。

それを乗り越えるために努力はしているのですが、まだ100%の自信がない。だから同僚のチクチクした批判が気になり、心が傷ついてしまう。**仕事への効力感が足りないため、ネガティブな言葉に対しての「緩衝力」が低下し、打たれ弱くなっているのです。**

私が知っているLさんは、もっと自信に満ちあふれて堂々としていました。自尊心が過剰ではないか、と感じたほどです。誰もが知る有名企業である分野のプロフェッショナルとして活躍し、自分の能力にも誇りをもっていました。

その経験を買われて外資系企業に転職を果たしたのですが、なぜか自信を喪失しかけていたのです。心なしか、ひとまわり小さくなったようにも感じました。

その理由は、即戦力として移った転職先でのつまずきでした。

企業が中途採用をするときは、その人の経験を重視するものです。他の会社での経験がこの会社でも活かされるに違いないと考え、即戦力として採用をします。中途入社した社員も「自分は前の経験があるからうまくいくはずだ」と考えて、できるだけ早く結果を出そうとします。直属のマネジャーも、新卒の新入社員よりもはるかに早く戦力になることを期待するものです。

ところが、そうはならないことが多いのです。同じタイミングで入社した新卒の若者に、一～二年後には抜かされてしまうこともあります。**中途入社の社員にとって、自分の能力が認められるまでの初めの数ヵ月は修羅場と言ってもいいでしょう。**

これは、採用する企業側にも問題があると思われます。新人向けの研修やＯＪＴは充実していても、中途入社向けの研修に関しては力も予算も投入していない場合が多いからです。上司からも新卒入社ほどの指導やケアを与えられず、「自分でやれるだろう」と放任されがちです。中途社員が上司よりも年上の場合は、特にそうです。

ところが「中途入社は手がかからない」という思い込みは間違いで、中途入社社員向けのトレーニングやサポートの欠如は企業の人材育成における盲点となっています。

それがＭＢＡホルダーなどの転職者であれば、なおさら難しいものです。がんばって勉強をして著名ビジネススクールを卒業したというプライドが本人にもありますし、会社からの期待も高いものです。ただ、前の会社の経験が新しい職場ではすぐに役に立たないのと同じように、経営大学院で学んだ知識もすぐに活かすことはできません。

中途採用者も入社後100日が勝負

中途入社した社員も、新人と同じように入社後の100日間で**自分に与えられた新しい職務に対しての自己効力感をいかに高めるかが勝負だと私は考えます。**

職務内容は前職と同じように見えても、実際に求められる業務はかなり違うことが多いからです。また、同じ業界に転職しても、職場が違えば共に働くスタッフも違います。上司から期待される成果も違うはずです。それらの違いを見極めて、成果を挙げるために何が必要かを熟考し、そのために欠かせない仕事への自己効力感を磨くアクションを行うことが肝要です。でないと、数ヵ月後には「あの中途採用は失敗だったかもしれないね……」とささやかれてしまうかもしれません。

新人であれば、上司が助けてくれるかもしれませんが、**中途採用者は自律的にセルフマネジメントすることが求められます。**自分自身で仕事への効力感を高めるためのセルフ

中途入社社員向け 自己効力感を高めるワークシート	
目的：中途入社した後の100日間に仕事への効力感を高めるアクションを設定します。	
達成すべき目標は何ですか？	
実体験：小さな成功体験をどう積み重ねますか？	お手本：達成に必要なスキルを学べるロールモデルは誰ですか？
励まし：励ましを誰からもらえますか？　どんな励ましの言葉が有効ですか？	ムード：自信や気分を盛り上げる工夫は何ですか？

コーチングを行い、適切なアクションを設定して、入社後の猶予期間である100日以内に実行することが求められます。

上記はそのためのワークシートです。活用して頂ければと思います。

転職先では上司との関係が重要

転職した早々につまずきかけたLさんとコーチングの対話をしながら気づいたのが、転職先での上司に恵まれていたことでした。「自分の2つランク上の人ですがすごく良い方で、厳しく叱られることも多いのですが、それは自分への期待への裏返しということがわかっているので、ありがたいですよ」と言っていました。

前の会社での経験をすぐに活かすことはできなかったのですが、上司の仕事ぶりをお手本とすることで、外資系企業と国内企業との仕事のやり方の違いを学ぶ機会となりました。立場はかなり上なのですが、教育にも熱心な上司のため、面倒がらずに熱心に指導をしてくれるそうです。

その上司は、Lさんを叱咤激励をすることも多いそうです。「実は今日も叱られてきたばかりです」とおっしゃっていました。でも、気持ちがへこんでしまうような叱りではありません。Lさんに目をかけて、愛情と期待をもった叱りの言葉なのです。

「励ましといえば……」と教えてくれたのが、奥さんの存在でした。実はLさんは前の会社でも逆境を経験して途方に暮れそうになったこともあったのですが、そのときに心の支えとなったのが奥さんだったのです。

今回は二度目の転職とはいえ、初めての外資系企業での仕事です。慣れない業務やつらいことも多かったと思われますが、そのたびに奥さんに相談し、悩みを共有してもらえたとのことでした。

「中途だからといって、必ずしも即戦力になるわけではないのですよ。それで悩んでいる

人はたくさんいます」という私の言葉を聞いたLさんは「あ、苦労していたのは、自分だけじゃなかったんだ」と胸を撫でおろし、会社の上司と奥さんという**サポーター**がいることを確認して「自分は人に恵まれているなあ」と**感謝**し、**まずは自己効力感を高める**という目標への意欲を高めてそのコーチングは終わりました。

もともとは嫌みを言う同僚とのネガティブな対人関係のストレスが悩みだった案件ですが、自己効力感が高まることで気にならなくなるだろうと考えが変わったのでした。

キャリアの逆境をレジリエンス・マッスルを鍛える機会とし、レジリエンスを磨くことで些細なストレスへの耐性を身につけた例でした。

事例14

女性の育児休業後の仕事復帰における自信

現在、安倍内閣は女性の活躍支援を推奨しています。新しい内閣では史上最多の5人の女性大臣が就任し、安倍総理を中心としてV字に並ぶ写真も国内外で報道されました。

私が仕事でお世話になっているある会社の取締役をされている船越さんも、関西学院大学ビジネススクールが主催している「ハッピーキャリアプログラム 女性の仕事復帰・起業講座」の運営に関わっておられます。

関西学院大学の分析によれば、女性の育児休業後の復帰や再就職、そして起業の支援を行うプログラムが半年間にわたり提供され、キャリアデザインやビジネススキルを学び、ネットワークづくりにもつながる機会がもてます。受講前に3割程度だった就業率が受講後には9割以上に著しく向上したという成果が挙がっています。

「サポーター」の存在が再就職の成功に結びつく

女性の仕事復帰における最大の障壁は、**「再就職はしたいが、うまくいくか自信がない」という心理的な問題です。**仕事から離れていた年数が長ければ長いほど、「自分ができる仕事があるのだろうか」といった不安が高まるものです。ＩＴ技術の進化により、パソコンを使った業務がここ数年のうちに一段と増えていることもあり、変化に適応できるのかという心配もあります。

仕事をもつことに対して、パートナーや親などとの折り合いがうまくついていないという家庭内の事情も精神的な悩みとなっています。なぜ再就職をするのかという意味を家族にもしっかりと話せるようになることは、仕事復帰に向けての重要なステップといえます。

ほかにも「これまでの就職活動がうまくいっていない」「再就職が現実にできていない」という**失敗体験からくる自己効力感の低下も自信を失う原因となっています。**

ところが、この「ハッピーキャリアプログラム」を受講した多くは、プログラムに参加したことで、講師や他の受講生が「お手本」となり、受講のたびに「励まし」を受け、自分もがんばろうという「ムード」が高まる契機になったということでした。

就職活動で断られても、すぐに次の行動を起こすことができるようになりました。それが希望職種の範囲を広げるきっかけにもなり、目指すキャリアのための意味ある回り道だと楽観的に捉えるように考え方が前向きに変わったのです。

就職試験で何度も断られて自信を失っていても、まわりの人の支えがあり、自分の強みを認識することで自信が復活し、就職に結びついた人もいました。

共通の目的をもった講師や受講生というサポーターの存在が、再就職活動という逆境を乗り越えてハッピーなキャリアにつながる成功の基盤となったのです。

事例15

不本意な転職にどう対処するか？

次の事例は、順風満帆なキャリアに見えても、本人は心のどこかで満たされていないMさんの転職に関してのケースです。

Mさんはある有名大学を卒業して、新卒で人気のマスコミ企業に入社しました。数年間勤務した後に、仕事とプライベートの両立を考えて拘束時間の長いマスコミとは別の業界に転職し、今は大手人材紹介会社で働いています。

新しい会社での仕事は順調で、業務にも慣れ、必要なスキルはすぐに習得したので、新たにマネジメント業務を任されることになりました。それでも少し時間が余り、持て余し気味になっているので、モチベーションを保つために、以前から興味のあった海外事業の部署への異動を目標とし、社内のMBA講座へ参加したり、英語力を磨く時間を持ったりすることを始めたそうです。

学歴も職歴も素晴らしいMさんですが、なぜかその内面では満たされていない何かがあるようでした。

実は、その背景には、大学受験・就職・転職という人生の節目において、ことごとく第一志望に落ちてセカンド・オプションを選択するという体験を繰り返してきたことにあったのです。それがMさんの心の中では失敗体験として位置づけられ、その後の感情の整理ができておらず、ネガティブな感情を引きずっていたのです。それが「慢性的な不満」の根本原因となっているようでした。

大学も本来は国立大学を目指していたのですが、本命は合格とならず、第二志望の私立に行くことになりました。

就職活動では、報道力に定評のあるテレビ局を志望していたのですが、残念ながら面接で落ち、別のテレビ局から内定を受けました。相性は良かったのですが、心のどこかで第一志望の硬派な社風のテレビ局に未練があったようです。

新卒入社したテレビ局では、当初はその会社の王道であるドラマの制作に関心があったのですが、結局は報道の仕事を選びました。ところが、報道部門では事件や事故などのネガティブな情報に触れる仕事が中心で、拘束時間が長く時間も不規則で、精神的にも肉体的にも疲労もたまり、転職することを決めたのでした。

Mさんの希望は、得意の英語力を活かして海外で事業ができる仕事でした。ところが、転職活動を進めるときに、それまでハードに働いてきたテレビ局の経験は評価されにくいという逆境に直面したのです。

テレビ局では日々の売り上げを稼ぐビジネス経験をしてこなかったので、商社や海外に駐在する仕事の紹介を要請しても「紹介不能」となってしまったのです。

そこで選んだのが、次につながる実績を積むための人材紹介会社の営業職でした。

失敗体験をどう処理するか？

周囲から見ると文句のつけようのないMさんの履歴ですが、本人の目からは不本意な大学への入学、不本意な就職、そして不本意な転職が続いたように見えてしまうのです。現在はある程度開き直って「なるようになるだろう」と思っているようですが、どこか現実を受け入れきれていないように感じられます。少し自分に嘘をつきながら生きている、または自分を偽りながら働いているように思えるのです。

これは、人生の節目における挫折を感情的に処理できていないからかもしれません。

失敗することはつらい体験です。できれば避けて通りたい。しかし、長いキャリアや仕事をする上で、失敗はつきものです。

もし失敗をしても、すぐに立ち直り適切なアクションに移すことができるのが、レジリエンスのある人の態度です。**失敗体験こそ、レジリエンス・マッスルを鍛える貴重な機会となるのです。**

ただ、失敗体験には、主に注意すべき3つのポイントがあります。

1つめは、強烈なネガティブ体験である失敗によりショックを受け、**思考停止になることです**。「自分のせいだ」と自己を責める自責の念が頭の中をグルグル回り続け、罪悪感を過剰に感じ、謝るばかりで問題の解決に対してノンアクションの状態になります。思考停止と罪悪感の罠にはまらないことが、失敗後の初期対応では大切となります。

2つめは、まじめでがんばりやな人は、**何か悪いことが起きると自己責任を感じて後悔を繰り返す傾向があること**です。さらには、過去の失敗も自分に責任があったに違いないと「自己関連づけ」をして、ますます「ネガティブ連鎖」に陥ってしまうのです。

3つめは、失敗が続くと臆病になり、次の失敗を避けて新しいチャレンジをすることができない「**行動回避**」の状態になることです。新しい仕事を頼まれても断り、新しい体験

■ 失敗体験の３つの問題

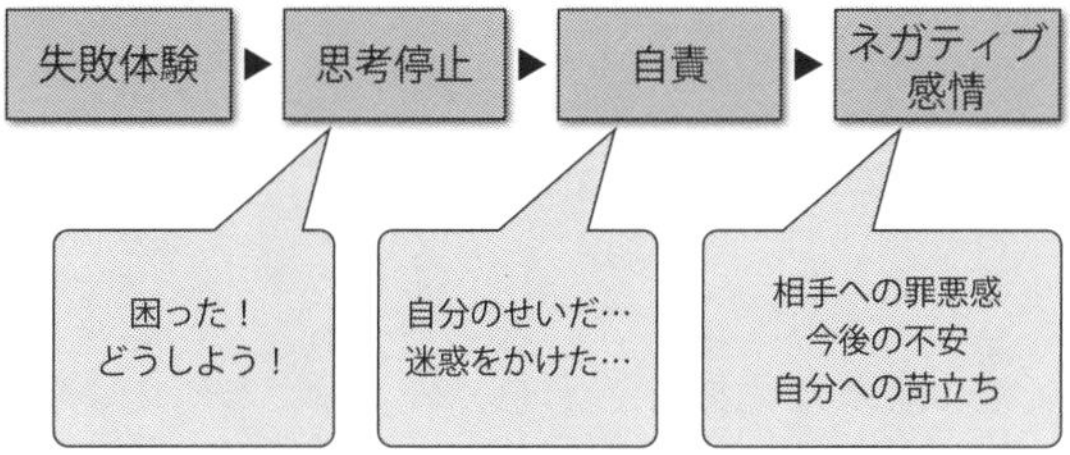

① 思考停止と罪悪感により、解決・防止のアクションが遅れる
② 失敗を悔やむ際のネガティブ感情により健康リスクにつながる
③ 次の失敗を怖れて「行動回避」につながる

や出会いも遠ざけてしまうのです。

私はこれこそが最大の問題であると考えています。行動回避の悪癖が染みつくと、自分の殻に閉じこもり、本人の心理的な「快適ゾーン」から一歩も踏み出せなくなり、自己成長をする機会が閉じられてしまうからです。

自分が成長できないとしたら、何のためにハードに仕事をしているのかわかりません。そうならないためにも、**失敗にはレジリエンスのある対応が必要です。**

レジリエンスのある働き方をする人は、失敗にすぐに対応し、失敗を怖れないからです。

ピンチに直面したときの3ステップ

レジリエンスのある働き方をする人は、失敗やピンチに直面した後に、3つのステップをとることを心がけています。

① 冷静に「失敗の分類」をして自責の念をコントロールする
② ネガティブ連鎖にはまらないように「感情マネジメント」をする
③ 失敗に苦手意識をもたないように、次はできるという「自己効力感」を磨く

第1ステップが「**失敗の分類**」です。

思いがけないピンチや予期せぬ失敗に直面すると、慌てて動揺しパニック状態となって冷静に対応できなくなりがちです。まじめでがんばりやなタイプほど、失敗をすると「自分に悪い」と自責の念を感じてしまうからです。

特に論理的思考を必要とするような仕事をしている人は、「なぜこの失敗が起きたのか」と分析思考に陥りがちです。ところが失敗体験後にネガティブな感情が乱れていると、視

■失敗やピンチに対応するには？

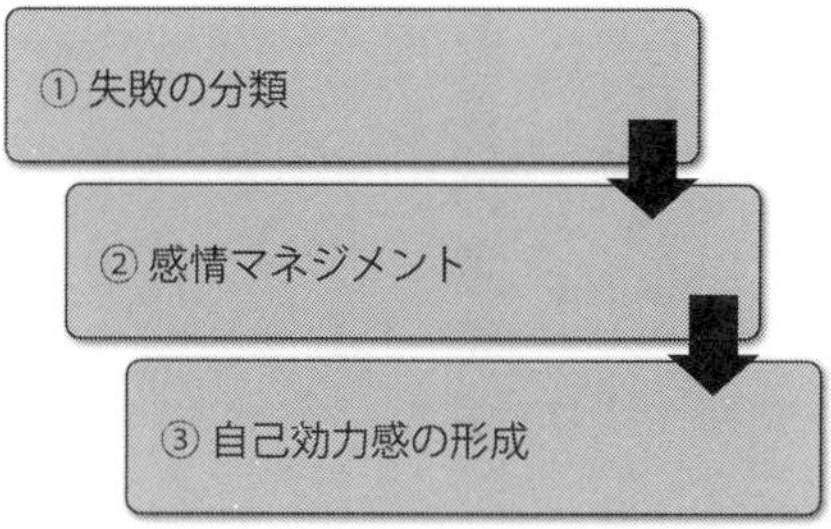

野が狭まり、理性も失いやすく、正しい見解をもつことはかなり困難です。

失敗の原因を探るのではなく、失敗体験を現実的に捉えることで、**過剰な自責の念を繰り返さないようにする**ことが、失敗後のアクションとしては重要だと思います。

そこで参考になるのが、ハーバード・ビジネススクールのエイミー・C・エドモンドソン教授が考えた、組織における失敗の分類法です。この考え方は、組織だけでなく、個人にも活かすことができると私は考えています。

① 予測可能な業務における「予防できる失敗」
② 複雑さに起因する「避けられない失敗」
③ 新規の挑戦における「知的な失敗」

「**予防できる失敗**」とは、自分のミスが原因の失敗です。

たとえば、私は愛知県にある企業での法人研修に講師として参加したときに、朝に名鉄名古屋駅の電車を乗り間違えるという失敗をしてしまいました。前日も同じ会社で研修があり、そのときに利用した1番ホームから乗車したのですが、名鉄名古屋駅では同じホームから違う行き先の電車が発車していたのです。特急に乗って一宮駅までたどり着いてしまい、そこから再度名古屋駅まで戻って乗り換えなくてはいけませんでした。

時間に余裕をもっていたため、研修には間に合いましたが、これにはさすがに焦りました。この私の失敗は、明らかに自分の迂闊さによる「予防できる失敗」です。この場合は、自分のミスの責任を受け入れ、すぐに解決に向けてのアクションに集中すべきでしょう。

自責の念を過剰に感じすぎない

ただ、仕事のなかには「**避けられない失敗**」もあります。

しかし、自責の念を感じるべきかどうかは不明です。「避けられない失敗」だったかもしれないからです。

失敗のなかには、勇気をもって新しいことに挑戦したのだが、うまくいかなかったということもあります。しかし、そこから学ぶべきことを学習し、次の挑戦や革新につなげることができれば、それは「**知的な失敗**」となります。

感情マネジメント

次のステップが「**感情マネジメント**」です。

失敗後に生まれがちなネガティブな感情に振り回されないために、**感情を管理すること**がこのステップです。それには1章でも解説したように、「**感情のラベリング**」「**気晴らし**」「**思い込み犬の手なずけ**」のテクニックが有効です。

たとえば、第一志望が叶わなかったMさんの場合は、それらの失敗体験で希望が叶わなかったことの「悲しみ」やうまくいかなかったことから生まれる「無力感」、そして期待通りにいかなかったことへのイライラや不満などの軽度の「怒り」のネガティブ感情が生まれたことが、「感情のラベリング」をするとわかります。

それらの感情をうまく気晴らしできていたかというと、そうでもなかったようです。感情にフタをして、自分の内面を抑圧してしまったようなのです。

しかし怒りや不満などのネガティブな感情は、抑圧されても完全に解消されることはありません。何かをきっかけとして、また表面化することもありえます。

本人は正義感が強く、硬派な国立大学やテレビ局でも報道を第一志望としていたこともあり、何が公正で正しいかを気にする価値観をもっていたと考えられます。それが「正義犬」という思い込みを形成していたと予想されます。

「正義犬」は、公正でないことが起きたとき、怒りや憤慨などの攻撃系の感情を生み出します。第2志望のテレビ局に入社したときに、当初の希望であったドラマの仕事を選ばなかったのも、スタッフが芸能人のご機嫌をとるような態度を目撃し、疑問に感じたからとのことでした。きっと「正義犬」がワンワンと吠えたのでしょう。

本人の内面に棲みついた思い込み犬は、ときおりワンワンと吠えることで本人をどこか不満な気持ちにさせます。それが、仕事でのモチベーションの低下につながっているとも考えられます。

失敗体験の後の「無力感」にも、うまく対処できていないのかもしれません。その裏側には「今後もうまくいかないだろう」と悲観的な声でしつこく吠える「あきらめ犬」が存在します。しばしば根拠のない決めつけをすることで、新しい挑戦に対しての勇気とやる気を消耗させてしまいます。

転職時に本来求めていた海外事業への仕事に就くという目標を先送りにし、セカンド・

オプションを選択してしまうという「行動回避」をしていますが、これも「あきらめ犬」が吠えた結果の行動かもしれません。

それは、レジリエンスのある働き方とは異なります。

失敗体験で自信を失ったあとにするべきこと

では、これらの失敗体験で自信を失い、本来の夢まで見失うリスクのあるMさんに対しては、何が次の有効なステップなのでしょうか。

まずは目の前にある仕事に関しての「自己効力感」を高めることに集中することで、本来の自分を取り戻すことだと思います。

任された仕事を着実にこなしていく。ひとつずつ成功体験を蓄積していく。小さなことでもコツコツと努力し、信頼を形成していく。これを「ベイビーステップ」といいます。地味な働き方ですが、自己効力感を身につける上では最も効率的です。

あまり多くの仕事を任されないようにすることも、重要なポイントだと思えます。Mさんのようなまじめでがんばりやのハードワーカーは、上司や同僚から仕事をたくさん依頼されがちですが、環境の異なる新しい職場では思うように仕事が進まないことは多々あります。まずは任された仕事を完遂することにプライオリティをおいて、キャパシティオーバーにならないように入念に時間管理をすべきでしょう。

そして、「実体験」をもつことと同時に、社内で自分の仕事のお手本となる人を早期に探して、その人の仕事ぶりを観察することで「代理体験」とすることも自己効力感をパワーアップするには大切な働き方です。

また、「君ならやればできるよ」と自分を励ましてくれるサポーターを見つけるのも重要です。励ましは、お手本に続いて効力感を高める第3の方法となるからです。

そして、新しい職場に活気があり、成功者の雰囲気にあふれていれば、自ずから「ムード」が高まり、Mさんの自己効力感も高まるでしょう。

仕事で何か達成をしたときに祝福をして自分にごほうびを与えることも、「ムード」を高めるひとつの工夫です。まじめでがんばりやな人は、自分への期待も大きく、自分に対して厳しい態度で接しがちですが、ときには甘やかすメリハリもモチベーションを維持するためには大切だと思います。

事例16

海外転勤で部下がいなくなる逆境

国内市場が成熟化し、成長をアジア新興国に求める企業が増えていることから、海外へ転勤する人が増加しています。

私がよく知る大手商社の男性は、東南アジアにある子会社に赴任して早々に大変な境遇に見舞われました。自分の直属の部下が皆、辞めてしまっていたのです。

アジアでは転職は当たり前で、特に大手日系企業で数年勤めた経歴はローカル企業から厚遇されるので、給与のアップを伴った転職が簡単です。この会社でも、前任者が任期を終えて帰国するタイミングを見計らって、部下が別の会社に転職してしまったのでした。

その人の最初の仕事は、人材採用会社をオフィスに招いての採用活動でした。「サーチ会社の人がうちの会社に常駐している状態でしたよ」とその方は嘆いていました。現地法人では、ローカルスタッフなしでは仕事になりません。社長として赴任したその方にとっては、部下を採用するのが喫緊の課題だったのです。

駐在先では、まずサポーターを見出す

ストレス度が特に高いことで有名な中国に赴任した駐在員は、3～4年の任期の途中で帰国せざるをえず、本社の「失敗駐在員リスト」に名を連ねる人もいると言われています。それほどに新興国の現場では不測の事態が多く、心が折れてしまう逆境も珍しくないのです。

本来は日本の本社がサポートをすべきなのですが、本社の役割は支援というよりも上から目線でノルマを課す冷たい役割に徹していることがあり、現地法人の状況にも精通しておらず、駐在員は新興国での激しい競争を勝ち抜かなくてはいけないプレッシャーも負わなくてはいけません。メンタル面での落ち込みから立ち直れない人も少なくはないのです。

海外への駐在は、キャリアの節目です。私にとっては、それは思わぬ逆境となりました。そのつらい経験を通して痛感したのが「同期の不在」でした。ときには冗談を言い合い、ときには心を開いて悩みごとを気軽に相談できる同期が海外のオフィスではいなかったのです。**同期という「サポーター」の不在が、私には大きな痛手となったのでした。**

海外に赴任したら、まずはできるだけ早く「サポーター」を見出すアクションを起こすことが重要だと思います。できれば、新しい職務に就いてから30日以内に自分のサポーターを見つけて関係づくりを開始することが望ましいと思います。

サポーターには、自分の上司やその上役、同僚や頼りになるスタッフなどが考えられます。いざというときの心の支えになるかどうか、助力を求めることができるかどうかが鍵となるので、**利害関係よりもその人との相性の方が大切です。**

できれば、共感性のある人が理想的です。親身になって話を聞いてくれ、助力を惜しまない思いやりのある人です。

サポーターには心理的な支援者だけではなく、自分が新しい仕事でサバイブしていくために必要な社内の情報を教えてくれる「情報通」も含まれます。特に新しい子会社に異動すると、仕事の進め方や意思決定の仕方が前職と全く異なる場合があります。

真のグローバル企業は、人事もオペレーションもスタンダード化されているので、どの国で働いても不便はありませんが、そんな企業は日本ではまだまれでしょう。「郷に入れば郷に従え」ということわざ通り、「社内の情報通」をサポーターに加えることは、生き残りの知恵ともいえます。

その職場では誰がキーマンで、誰がインフルエンサーか、邪魔者は誰で、気にしなくてもいい人は誰かといった人の情報を知るだけで、仕事の効率が一気に高まるものです。特に逆境のときに、これらの情報は活かされます。「情報通」であるベテラン社員や秘書さんをサポーターにできると、心強いものです。

会社への入社、転職、女性の育児休業後の復帰、海外転勤などのキャリアの節目は、人によっては逆境となります。しかし、この章で事例を含めて説明したように、**キャリアの節目は自分のレジリエンスを鍛える機会にもなります**。

大変だとは思いますが、この機会でレジリエンスを訓練することで、その後のキャリア展望も開いてくるでしょう。充実して幸せなキャリアが待っているはずです。

第5章

立ち止まって振り返る習慣

ハードに働き、立ち止まって内省する

ハードに仕事をしながら、心が折れることなく高いレジリエンスをもっている人たちは、ときどき時間を確保して**過去の体験を「棚卸し」する習慣**をもっています。

ただ、多忙な人にとってパーソナルな時間をとるのは難しいのが現実でしょう。

ある海外の女性誌で、企業で働くエクゼクティブ女性に「あなたにとって贅沢とは何ですか」というアンケートがありましたが、その答えが興味深いものでした。

第3位は「スペース」でした。都会に住むことが多いエグゼクティブ女性には、広い居住空間がラグジュアリーなのです。

第2位が「旅」でした。特に「ハイダウェイ」と言われる、交通の不便な所にある隠れ家的な高級ホテルをその女性たちは好んでいたのです。

そして第1位が「一人になれる自由な時間」だったのです。仕事や交際で忙しく、子どものしつけや教育にも妥協できずに手間をかけているこれらの女性たちにとっては、自由でパーソナルな時間は最も希少価値があるものだったのです。

誰にも邪魔されない、静かな時間を一人でもつこと。モノもお金も地位も手に入れた女性の最高の贅沢が、全ての人に平等に与えられている「時間」だったのです。

変化が多い時代だからこそ、振り返るリーダーたち

私が過去に働いた世界クラスのエリートやリーダーも、自分ひとりのパーソナルな時間を定期的にもつことを大切にしていました。

あるアメリカ人の上司は、誰よりも早くオフィスに来ることで有名だったのですが、その時間の使い方にはいつも驚かされました。毎朝5時に早起きして、会社に出社するのは朝7時です。もちろん働いている人は誰もいません。静かで快適なオフィスで夜中に米国本社から来たメールに一通り目を通した後は、部下やチームから送られてきた書類をじっ

くりと読み、決済などの意思決定を下します。

他の社員が出社する頃には、自分で行う仕事は全て終えて、残りの時間は部下とスタッフのために使います。たくさんの打ち合わせや会議を終え、夕方の6時くらいには帰宅の途につきます。家族で夕食を楽しみ、子どもを寝かしつけた後は奥さんとの時間を味わい、夜10時には軽く読書をした後に就寝するのでした。

その上司にとってのパーソナルな時間は、起床してから出社するまでの約一時間です。その時間は何の予定も入れずに、仕事をすることもせず、自分の内的な時間を送るのです。ハードに仕事をする前の、とてもスローな時間です。

『優れたリーダーは、なぜ「立ち止まる」のか』（英治出版）では、真のリーダーは変化の波に溺れて自分を見失わないために、あえて立ち止まる習慣をもっていることが書かれています。特に強調されているのが、マネジャーとリーダーの違いです。マネジャーは効率を求めるのですが、リーダーは創造性と変革を求める。マネジャーは正確な答えを導き出すように訓練されているのですが、リーダーは深い問いかけができる力を育んでいる。そして、自分に問いかけをするためには、ときに立ち止まることが重要となるのです。

海外エグゼクティブが好む「リトリート」の習慣

海外のエグゼクティブには、定期的に一人で静かに過ごす時間を確保する人がいます。これは「孤独」（Alone）になるのではなく、「独居」（Solitude）をするための工夫です。静かに一人だけの時間を過ごすことで、ハードに仕事をする日常から心理的・感情的にディタッチして、スローにじっくりと精神面での充電を行うのです。

たとえば、ヨーロッパには立派な古城が数多くありますが、週末や休暇で城を訪れ、一室を借りて黙想する、いわゆる「リトリート」を好む知識労働者が増えています。昔は修行僧が行っていた集中的な瞑想などを、現代のＩＴ企業で働くような知識労働者が行っているのです。

旅好きな人であれば、南極大陸に旅して夜空に広がるオーロラを眺めながら静かな時を楽しむ、または南アフリカの高級ホテルの白いテントの下で、ライオンの吠える声を遠くに聞きながら一人の夜を送るといった贅沢な過ごし方があります。

日本国内では、四国でお遍路さんになる若者が増えているそうです。ＮＨＫ『クローズアップ現代』でも「四国遍路１４００キロ　増える若者たち」という特集がありました。厳しい大自然の中を40日以上かけて歩きながら、自分を見つめ直す機会としているのです。普段の生活の中ではなかなか体感できない、落ち着いた不思議な心理状態に変わることが研究でも判明しています。

仕事における重要な意思決定や、人生やキャリアの節目で将来の方向性を見定めておきたいときなどは、一人で静かな時間をもつことで雑念に惑わされずクリーンな心の状態でいたいと望むものです。

ビル・ゲイツの「ポジティブなひきこもり」

世界で有数の資産家の一人で世界最大の財団のトップでもあるビル・ゲイツは、マイクロソフトのCEOだった当時、年に2回アメリカ北西部にある隔離された静かな土地で「Think Weeks」というリトリートを行っていました。

洗面所や冷蔵庫が完備され、食事が定期的に届けられる場所にはビル・ゲイツ以外は足を踏み入れることができません。幹部社員や友人、そして家族でさえもコンタクトをとることは禁止されていました。

完全に一人になったビル・ゲイツは、多忙な日常では目にする時間がとれなかった社内の「極秘レポート」を精読することを自分に課していました。その多くは将来のテクノロジーの予測や次世代の商品に関する提案で、一週間に約100本のレポートを読破することを常としていたそうです。

その上で、会社の将来とIT業界の未来について熟考し、社員に向けて発信するための時間に費やしました。この「知的でポジティブなひきこもり」からは、革新的な戦略やアイデアが多く生まれました。1995年にマイクロソフトがインターネットの台頭と脅威を認め、デスクトップからネット路線へと大きく舵を切った新戦略も「Think Weeks」の産物です。

ビル・ゲイツは、この半年に一回の定例行事を、変化の速いIT業界で生き残るためのプレッシャーと先の見えない不安を解消するアクションとしていました。それは「マイクロソフトは今後どうあるべきか」という未来についての「創造的思考」に没頭するための習慣でもありました。

アップルの元CEOのスティーブ・ジョブズも、フェイスブックのCEOであるマーク・ザッカーバーグも、このようなポジティブなひきこもりをしていたということです。

事例17

週末に一人で静かな時間をもつ習慣

ある大手証券会社に勤める営業職のNさんは、30代前半に支店を転勤しました。転勤自体は数年に一度行われると決まっているので、慣れていることではありました。ただ転勤先での上司運が悪く、仕事が激務だったのです。

任された担当先は100件を超えたため、朝6時には出社し、お客さまへの営業電話は一件あたり30秒までと決めるなど、一つひとつの仕事を速くこなさなければならない毎日が続いたのでした。

会社への不満や疲労感も相当なものがあったのですが、ネガティブな感情をうまく気晴らしする習慣をもつことで、この逆境を乗り切っていました。

平日は朝が早いため、職場の仲間との飲み会に参加することはまれでした。その一方で、仕事帰りにサッカーをする習慣をもっていました。デパートの屋上に知らない人たち同士で人数が揃えばフットサルができる場所を見つけ、そこでお互い名前も所属も知らないような人たち同士で仕事の後に汗を流すのです。職場の同僚とのベタベタした付き合いではなく、密度は低くてもスポーツを通して人と交流している程よさが本人には合っていたようです。

土日には一人で走ることで、精神面でのバランスをとっていました。また、自宅で静かな時間を過ごすことも気分が落ち着くようで、日曜の夕方には家に残り、週明けの月曜からの相場の動きをイメージトレーニングをすることが習慣となっていました。ハードワークでも心が疲弊しないように「ポジティブなひきこもり」でバランスをとっている例です。

逆境体験を振り返る

普段はハードに仕事をしているまじめでがんばりやな人ほど、ときおりペースをスローダウンして立ち止まり、自分の内面を見つめ、過去の体験を振り返る時間をもつことが大切だと思います。

週末や長期休暇で自分の部屋にひきこもり、または快適なホテルにひきこもり、大変に思えたけれど何とか乗り越えた過去の逆境体験を振り返ってはいかがでしょうか。

私がレジリエンス・トレーニングで活用している「逆境グラフ」ワークシートをご紹介します。「逆境グラフ」の書き方は簡単です。縦軸が意欲・やる気、横軸が時間で、自分のうまくいったときといかなかったときをシンプルにグラフ化するだけです。

次の文章が、問いかけです。そのグラフを「鳥の目」で高い位置から俯瞰しながら、特にどん底から上に向かって立ち直った経験に注目して、以下のような質問をします。

・つらい時期に心を支える「サポーター」となった人は誰でしょうか？
・この痛い経験から、何を学んだのでしょうか？

立ち止まって振り返るときのための
「逆境グラフ」ワークシート

目的：過去に逆境を乗り越えた体験を振り返ることで、次につながる教訓を得ます。

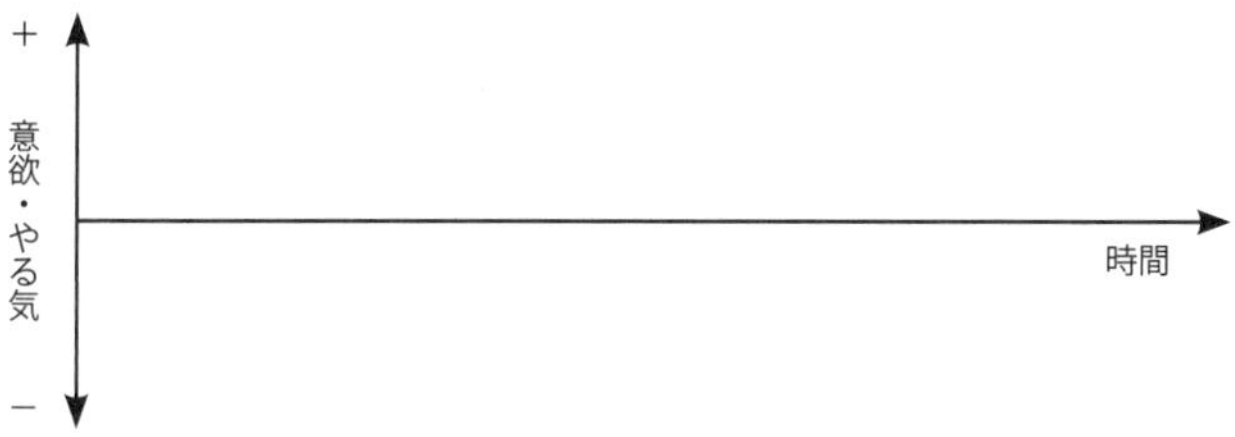

逆境を乗り越えたときの教訓

・自分にとって一番大切だったものは何でしょうか？
・いくつかの逆境体験を見て、何か共通点や大きな流れに気づかないでしょうか？
・この経験は、その後の人生においてどんな意味があったのでしょうか？

どんな気づきがあるかはわかりません。自分の目的意識がはっきりするかもしれません。大切な人が誰かに気づくかもしれません。正解はないのです。ただ、静かに自分の内面に問いかけ、そこから生まれる答えに耳をじっと傾けることに意味があるのです。

事例18

社長の急死でショックを受ける

Oさんも、過去の逆境体験を振り返ることで、大切な教訓を得ることができました。

Oさんは、現在の会社に働く8年前に、社員が4人の小さな会社に勤務していました。その会社は個性ある社長の魅力に惹かれて社員が集まり、クライアントも社長との縁があって仕事を発注しているような典型的なスモールカンパニーでした。Oさんにとってはその職場は居心地がよく、社長にも頼りにされ、仕事のやりがいもあったそうです。

ところが、社長が突然亡くなってしまう不測の事態が起きたのです。これには、ただ唖然としてしまったそうです。しばらくして、深い悲しみに襲われました。そして「この先会社はどうなるのだろうか」という将来の不安がどっと押し寄せてきたのです。

頼りにしていた社長が急死した事件は、Oさんにショックを与えました。その心理状態は、行動にも影響しました。社長が亡くなってから一週間ほどの間は、仕事でパソコンのタイピングのミスがとても多かったのです。「ああ、自分はかなり動揺してるんだ……」

と気づき、気持ちがいつもとは同じでないことがわかり、まずは心を落ち着かせることにフォーカスしたのでした。

ショックによりストレス障害になることも…

予想外の逆境で強い衝撃を受けると、精神機能はショック状態に陥り、パニックを起こす場合があります。そして心理的・感情的な機能の一部を麻痺させることで、その現実に一時的に適応しようとするのです。

たとえば、その出来事の前後の記憶がうまく思い出せない、感情が鈍く麻痺してしまう、物事に対する興味・関心を失う、建設的に将来を考えることができない、さらには不安や頭痛、不眠、悪夢などに襲われます。

不安、不眠などの「過覚醒症状」、逆境の原因となった事物に対しての「回避傾向」、逆境体験の悪夢や「フラッシュバック」といった症状が1ヵ月続くと、PTSD（心的外傷後ストレス障害）と診断されます。それが1ヵ月以内の場合は、ASD（急性ストレス障害）となります。

PTSDが国内で注目されるようになったのは、1995年初めの頃です。1月に阪神・淡路大震災が、そして3月に地下鉄サリン事件が起き、多くの方が不安・回避・フラッシュバックといったPTSDの症状で悩まされる精神的な痛みを体験したからです。

この災害・事件以降に、臨床心理士の必要性が見直され、国立・私立の大学院の心理課程を修了しプロのセラピストになる人が増加しました。2011年の東日本大震災時でもPTSD患者は数多く発生しましたが、専門家による治療を受ける機会があったと思われます。

Oさんも、社長を失った体験をしたときに、PTSDに近い症状があったのかもしれません。災害や病などの逆境とは異なりますが、**先の見えない不安という「未来ストレス」**を抱えながら、会社を立て直すためにハードに働かなくてはいけない状況にいました。

私は社会人となってまもない23歳のときに、阪神・淡路大震災で被災しています。最も死傷者が多かった神戸市東灘区でマンションを借りて住んでいたのですが、好運にも大きな怪我もなく、命を与えられる恩恵を受けました。

ただ、そのときの体験を回想しようとしても、霧がかかったようにボヤーッとしてうまく思い出せません。特に震災直後は感覚が麻痺したようで、現実と夢の境にいるような感じでした。倒壊した木造住宅やひび割れた道路、横転した自動車や崩れ落ちた高速道路を目にしても、何も感じなかったのです。

私は不眠や不安に悩まされることはなかったのですが、それまで1.5あった視力が急激に低下し、眼鏡なしでは仕事も車の運転もできなくなりました。それ以上の苦しみはなく、同じく被災してPTSDを発症した人が多かったことを考えると、自分は恵まれていたと感じています。

社長の遺産に助けられる

社長を突然失い、会社が路頭に迷いかけ、Oさんは先の見えない不安に直面し、悩んでいました。これは社長が急死した一番目の逆境に続く、二番目の逆境です。一番目の逆境では、ショックと喪失感による悲しみに襲われたのですが、**その後の将来の不安という「未来ストレス」は、一番目の逆境よりも長続きし、出口がなかなか見えない、より深刻で厄介な問題です。**

Oさんは、その逆境をどのようにして乗り越えたのでしょうか？　実は、社長が残した遺産（レガシー）によって助けられたのでした。

それは、金銭的な遺産ではありません。社外の「サポーター」という人的資産でした。

社長は関連会社や顧客など社外の人たちとのつながりが密接で、困ったときに助けてあげることも頻繁にありました。その社長が急死してからも、社外でお世話になっていた人がよく目をかけてくれ、連絡をくれることも頻繁で、残された社員たちのことを常に気にかけてくれたのでした。

その会社はある業界向けの専門書を中心とした出版社でしたが、社外の人たちとは、同業の出版業界の人ではなく、著者である大学の先生や出版に関わる他の業界の人たちでした。そのため、出版業務の手伝いをしてくれるわけではなかったのですが、「困ったら何か言ってね」と優しい声がけをしてくれたそうです。

急務の仕事としては、亡くなった社長の代わりとなる人を立てることでした。小さな会社とはいえ、指揮官不在では前に進めないからです。男性社員がOさんだけだったので、まわりの人には「あなたが社長をやれ」と言われていたのですが、「それはさすがに無理です」と断ったそうです。結局、次の社長の候補も、社外の人たちが見つけてきてくれたのでした。

次期社長の就任後も、その社外のサポーターたちが力になってくれると言ってくださったので、「自分もがんばらなきゃなあ」とOさんは感じるようになったそうです。「君が取締役をやれ」と言われたときも、経験もなく適性もあるかどうか心配でしたが、「がんばろうかな」という気になったそうです。心的な変化がOさんの中では起こっていたのです。

逆境後の成長

ＰＴＳＤは心の傷になるような苦しい体験の後にいくつかの障害が出る精神疾患ですが、それとは反対に逆境の後に心理的な成長を遂げる人がいます。これを心理学・精神医学の世界では「**ＰＴＧ**（**トラウマ後の成長**）」といいます。

ＰＴＧ研究の第一人者である米・ノースカロライナ大学のリチャード・テデスキ博士は「**ＰＴＧとは非常に挑戦的な人生の危機で、もがき奮闘した結果起こるポジティブな変化の体験だ**」と定義づけています。

ここでのポジティブな変化は、どれも内的なものばかりです。必ずしも他人が見て気づくような外的な変化ではありません。しかしその内面の変化が、人としての成長にもつながり、家族やまわりの人から「何だか変わったね」と言われるほどになるのです。本人も、言われてみないと気がつかないこともあります。

ＰＴＧにおける変化は、主に以下の5つに分類されます。

1つめが、**生きることに対する感謝の気持ちの増加**です。それまで気にもしていなかったような小さな出来事に対しても、喜びを感じるようになる。毎日の生活のなかで、感謝の念を感じることが多くなる。その背景にあるのは、自分の生命に対してのありがたみです。「**ああ、自分は生きることができて幸せだ**」という恩恵を実感できるのです。

2つめが、**人間関係に関する変化**です。新しい友人をもつ一方で、過去の人間関係を失うこともある。誰とつきあうか、という尺度・価値観が変化した結果です。

3つめの変化は、**内的な強さ**です。自分の力ではどうすることもできないほどの危機を乗り越えたとき、大いなる自信が湧いてくる。社長を失った男性に訪れた内的成長です。

4つめが、**新しい価値観**を得ることです。

そして、5つめが**存在と霊性意識の高まり**です。

この5つの変化が、つらい体験をした後に一部の人に見られる自己成長なのです。

その逆境体験には、地震のような災害、事故や怪我、手術を伴う病気、大切な人との離別や死別、裁判や犯罪に巻き込まれる災難、さらには不当な解雇やパワハラ、セクハラなどの陰湿ないじめ、借金や詐欺などによる逆境が含まれます。ＰＴＧの研究では、強いストレスを伴う乳がんの患者の調査が多く見られます。

ＰＴＧを体験した人のなかには、自分の人生の目的や仕事の意味が大きく変化して、職業を変えることになった人がいます。人から助けられた体験が仕事観に影響し、看護師や心理カウンセラー、そしてソーシャルワーカーなどの支援職にキャリアチェンジしたケースも少なくありません。自分の新たな才能や強みに目覚め、より意義のある仕事に就いた人もいます。

ＰＴＧのような研究は「**逆境の後にも自分にとっていいことがもたらされるかもしれない**」という希望の光を私たちに与えてくれます。しかし、ＰＴＧの研究者は「**トラウマになるようなつらく苦しい体験を推奨するかのような誤解は避けたい**」と注意深い態度をとります。

たしかに内的成長を経験する人はいるものの、それは一部の人たちで、ほとんどの人はＰＴＳＤのような苦しみを味わうことがあるからです。そしてＰＴＧを経験した人も、そのプロセスは決して楽なものではなく、もがき苦しんで奮闘した後に得た成長であるからです。

嵐が去って気づいたこと

Oさんの場合も、社長の急死という逆境の後に、内面の変化と成長が見られました。ひと月ぐらいたって気持ちも落ち着き、会社の業務も軌道に乗ると、それまで自分がやってきたことが冷静に見えるようになったそうです。「自分はある意味で社長に引き取ってもらったのだ」と改めて気づいたのでした。

そして自分たちが苦境に立たされたときに助力してくれた人たちに、感謝の念がどっと湧いてきたのです。「この会社は、やっぱりまわりの方に支えられていた会社だった。これまでも多くのものをいただいた。だから、これからは恩返しをしなくては……」

自分の内面から新たなモチベーションが生まれ、「これからも大変かもしれないけれど、このままがんばろう」と思えるようになったのでした。

この逆境体験を振り返って、Oさんはこう考えるようになりました。「何かで失敗しても、死ぬわけではない。たいていのことでは人は死なないから、命を取られるほどの失敗をしなければ、とりあえず大丈夫だろう」と。何があっても、たとえ会社がなくなって路頭に迷っても、何かしら人生どうにかなるという「内面の強さ」を身につけたのでした。

打たれ強くなった理由

Oさんは、レジリエンス・トレーニングにおける第7の技術である「痛い体験から意味を学ぶ」を行うことで、自分が精神的に打たれ強くなった理由に気づくことができました。困難なことから立ち直るときに、まわりからのサポートがあったこと。その親切に対しての感謝の気持ちが高まったこと。そして社外の人からの社会的な支援と感謝のポジティブ感情により、先の見えない不安というネガティブ感情が癒やされて、将来に向けた前向きなアクションに一歩踏み出すことができたこと。

さらには、自分にとって死ぬようなことはそう起こらないといった新しい「大局観」という「強み」をもち、仕事やキャリアに関する視野の拡大という内面の成長も遂げました。

Oさんがつらくストレスフルな体験を振り返ることで次につながる教訓を得て、「内面の強さ」を身につけたプロセスが、逆境後の成長です。

その成長は、計画的にできるものではありません。予期せぬ問題に直面し、心や感情が揺さぶられるようなつらい体験をし、それを乗り越えたときに達成できる心理的な成長です。もがき苦しんだ奮闘の後に訪れる、自己成長のプロセスです。

事例19

なかなか開花しない新規事業に携わる難しさ

29歳のPさんは、エンターテインメントの業界で働いて4年目を迎えていました。その前はある有名な外資系コンサルティング会社で数年間勤務していたのですが、本人の希望により、もともと興味のあった大手エンターテインメント事業会社でメディアの立ち上げ業務に携わる機会を得たのです。

仕事自体に不満はありませんでした。しかし新事業を立ち上げて軌道に乗せるまでにはかなりの時間がかかるものです。多くの関係者が関わるため、自分一人が努力すれば何とかなるようなものでもありません。なかなか達成の実感がもてず、成果を挙げるにも数年間は必要という業務特性から、ときおり精神的な疲労を感じることもあったそうです。

先の見えない不安から生まれる疲労感は、肉体的な疲労と異なり、寝れば回復するものでもありません。状況を自分でコントロールできない「**自己決定感**」の欠如と、なかなか仕事の結果を出すことができない「**未達成感**」が複雑に絡み合っています。状況が進展しない限り、疲労感は長引くことが予想されます。これが続くと「燃え尽き症候群」、いわゆるバーンアウトになるリスクもあります。

新規事業ゆえの問題

新事業を立ち上げる仕事自体は、エキサイティングです。私も新規開発事業部に所属した経験がありました。極秘プロジェクトだったため、電子錠がかかった一室で仕事をしていたほどです。その部屋には、関係者以外は立ち入り禁止でした。最新の技術や今後10年間の製品計画、画期的な新商品のプロトタイプなどが並べられているからです。

私が担当した商品は、今までにない革新的な技術を応用した日用品で、世界で最も要求水準が高いと言われている日本の主婦にも高評価を得た期待の新ブランドでした。

ところが、ある問題が起こり、残念なことに発売まで至らなかったのです。

これは、数年間かけて準備をしてきたチームにとっては、とてもショックなニュースでした。

新事業は、エキサイティングである半面、事業自体が頓挫するリスクもあり、関わるスタッフは**不安のマネジメントができないと、モチベーションが下がってしまいます。**

研究・開発者の逆境を乗り越えるには？

Pさんの場合は、エンターテインメントの会社に来る前のコンサルティング会社での仕事は、達成感がありました。約6ヵ月単位でプロジェクトが完結するからです。

ところが、現在担当している新規プロジェクトは、「もしかしたらずっと成果が挙がらないかもしれない」「5～10年経って努力を続けても、失敗に終わってしまうかもしれない」という不確定さがつきものです。

これは研究開発に関わっている人であれば、ほぼ全ての人が直面する問題でしょう。技術上の課題、生産上の困難、そして役所からの認可・許可における障害など、乗り越えるべき峠が数多く存在するからです。**キャリアにおける逆境**ともいえます。

ただ、Pさんにとって、現在の仕事は「コーリング（天職）」かもしれません。Hさんはもともとメディアが大好きで、テレビドラマや映画、オリンピックなどを観て感動体験をして育った世代でした。就職活動のときにコンサルティング会社に内定したため、メディアには進まなかったのですが、「テレビの仕事に経営の面から関わっていくことができるのであれば」という希望をもって今回の転職に前向きに関わったのでした。

先の見えない不安がある仕事を続けるには、やはりその仕事に対して熱意や使命感が必要だと思われます。そして「自分もやればできる！」という継続のための原動力になるのが、レジリエンス・マッスルを育む「**自己効力感**」です。

新規プロジェクトの場合は、成功体験がなかなか味わえない難しさがありますが、同じように挑戦をしている他者をロールモデルとすることで「私にもできる」という自信が湧いてくることが期待できます。

逆境にいるのはあなただけじゃない

私がPさんにお手本として見習ってほしいと思うのが、ソチ五輪での浅田真央選手です。浅田選手はずっとハードに練習をして努力を重ねてきたのですが、同じ金メダル候補のキム・ヨナのライバルとしてメダルを期待されながらも、ソチ五輪ではSP（ショート・プログラム）で4回転倒し、メダル獲得は絶望的となってしまいました。おそらく最後となるオリンピックで、浅田選手のキャリアにおける最大の逆境に直面してしまったのです。

ところが、そこからすぐに立ち直りを見せました。本戦で自己ベストを出したのです。

浅田選手のレジリエンスを観て、国民の多くが感動を覚え、彼女の強さに尊敬の念を感じたと思います。それ以上に「**やればできる**」という希望を人々に与えたと考えられます。チャンピオンになる機会は逸しても、すぐに立ち上がれば、少なくとも自分の最高の結果を出すことはできる。この浅田選手の経験を代理体験とすれば、すぐに結果としては実らないかもしれないけれど、**自分の目の前にある仕事で「自己ベスト」を出すことにフォーカスすればいい**、という働き方の参考となります。

また、事業としてはなかなか成果が上がらないまでも、小さな成功を積み重ねていくことで、仕事における自己効力感が高まっていきます。プロジェクトはどうなるかわからないけど、自分は成長していける。自己ベストを出すことにフォーカスしていければ必ず道は開けてくると思います。

さらには、浅田選手のような自分のロールモデルとなる人を積極的に見つけて、その人から見よう見まねで学ぶことで自己効力感の高まりもスピードアップします。たとえば、身のまわりにうまく自己ベストを出しているような仲間や先輩を見つけて、その人を自分のお手本としていく。または、NHK『プロジェクトX』のような番組を観て、10～20年の長きにわたりハードに仕事を続けた結果、夢を成し遂げた人たちのストーリーを求めるのもいいかもしれません。

「逆境にあるのは自分だけじゃない」と気づくと、安心して勇気も湧いてくるものです。大きな逆境を乗り越えて偉大なプロジェクトを完遂した人たちは、「ベイビーステップ」を一歩一歩重ねることで結果を出したということも学ぶはずです。

だったら自分も一歩前に進んで、目の前にある課題にチャレンジしていこう、とやる気が生まれると思います。そして課題を克服して成功体験を積み重ねれば、もっと大きな仕事につながると思います。

そして事業が軌道に乗ったときには、実力を120%発揮して、一気に成功の階段を駆け上がる。それが一流の人材になるプロセスだと思います。

ときおり立ち止まって「場」の選択をする

いつもはハードに仕事をしている人が、ときおり立ち止まって静かに振り返る時間をもつことのメリットの一つに、「**自分はこれからも今いる『場』にい続けるべきだろうか**」という問いかけができることがあります。

ハードワーカーの心が折れる原因となる3大ストレスには「拘束時間が長い業務」「緊

張が強いられる業務」「ネガティブな対人関係」があるとお伝えしました。これらは全て「職場」に関することです。

仕事の上で逆境となる、ホットボタンを押してイライラさせる上司やクールボタンを押して活力を吸い取る「感情バンパイア」的な上司との関係も、人が入ってはすぐに辞めていくような思いやりのない「幽霊船」のような部署も、社員同士のつながりが希薄化していることも、全て「職場」に関する問題です。

もし自分が勤務する「場」で、小さな成功体験を重ねる機会もなく、お手本となる上司や先輩もおらず、励ましの言葉もやる気が高まるムードもない場合は、いくらハードに働いても、仕事の成功と自己成長に必要な「自己効力感」がなかなか高まりません。

私は、ハードに仕事をすることは自分の夢や目標の実現の近道だと考えています。ハードワークの先には、幸せや充実があると信じています。まじめでがんばりやな人をリスペクトし、応援したいと思います。

でも**まじめな人ほど、今いる「場」から離れようとしないのです**。それが過剰なストレスを感じる場であっても、思いやりも質の高いつながりもない場であっても、感情バンパイアのような人がいる場であっても、その場に残ろうとしてしまうのです。今の職場に固執してしまうのです。精神的に縛られているのかもしれません。

「ある仕事に就いたら、少なくともその職場で3年間は我慢して働き続けるべきだ」という考え方があります。「石の上にも3年」ということわざの応用でしょう。しかし、私は自分が選んだ「職種」にはこだわり続ける価値はあるとは思いますが、「職場」の選択が間違っていた場合は、それに執着し続ける必要はないと考えます。

なぜなら、**場の選択を間違うと、いくらハードに仕事をしても報われないからです**。他の人から認められることも少なく、さらには自分の成長スピードにさえ陰りが見えてくるからです。

レジリエンスの高い人の特徴は、しなやかで合理的な考え方をすることです。おそらくほとんどの人が自分の人生で最も長い時間を過ごすことになる「職場」選びも、現実的な視点で合理的に行います。もし間違っているとしたら、よりベターな「場」に軽やかに移る柔軟さをもっています。

1万時間の法則

私は、P&Gという会社に16年働いてきました。毎日がハードワークの連続でした。

P&Gに入社した理由は、マーケティングの仕事をしたかったからです。「本部別採用」という他社にはない採用方針をもち、同じ職種でキャリアを続けることができる会社だったので、営業が苦手な私はすぐにこの会社に飛びつきました。マーケティングを極めて、その道のプロフェッショナルとして生きていきたかったからです。

「1万時間の法則」という言葉を聞いたことがありますか？　これはスノッブな都会人が愛読する雑誌『ニューヨーカー』に記事を寄稿しているジャーナリストで作家のマルコム・グラッドウェルが『天才！　成功する人々の法則』（講談社）で紹介した心理学のセオリーです。

もともとは米国の心理学者のK・アンダース・エリクソン博士の才能の研究に由来しています。プロのスポーツ選手、世界的な音楽家、チェスの名人など、競争の激しい分野で世界クラスの成績を収めた人たちを調査した結果わかったのが、これらの分野でトップに立つためには、才能だけでなく、計画的に継続練習を行う熱意と忍耐力が必要だったということでした。世界レベルの成功者は、およそ1万時間を特定のスキルの鍛錬に費やしていたのです。

毎日4時間の集中的な時間を費やしていたとしても、1万時間に到達するには約10年の歳月がかかります。実際、成功したスポーツ選手や音楽家、作家などはその分野での本格的な訓練を開始してから約10年後に偉業を成し遂げていることから、別名「10年ルール」とも呼ばれています。

私は「マーケティングのプロとして生きていこう、この分野で一流になろう」と意思決定をしたこともあり、少なくとも10年は継続すべきだと考えていました。どの分野でも、モノになるには10年の継続的な努力が必要なのです。競争がグローバルになっている現在では、なおさらでしょう。それが無理と思うなら、熱意が足りないということです。

結果的に、私は16年も同じ会社で働いてしまいました。外資系企業の社員としては長い勤務期間だと思います。私と一緒にマーケティング本部に入った同期の中では、私が最後でした。長く働いた理由は、P&Gという会社が好きだったこと、SK-Ⅱというブランドを愛していたこともありますが、実は変化を恐れていた心理的な理由もありました。当時の自分にはレジリエンスが弱く、変化適応力に欠けていたのです。

逆境が立ち止まるきっかけとなった

ただあるときに、それまでのキャリアの中で最大の逆境を体験しました。海外での慣れない勤務で起きたことで、助けてくれる同期もおらず、リーダーの立場にいたため弱音を吐くわけにもいかず、孤独に耐え忍ぶ時期が続いたのでした。

そのつまずきから立ち直るまでには時間が必要でしたが、実はそのつらい体験がハードに仕事をするばかりだった自分を立ち止まらせ、振り返りと自省に時間をじっくりかける機会となったのです。

私は仕事でブランド戦略を策定することが主要業務だったのですが、ロングセラーとなって成功するブランドには、2つの側面で優れた戦略をもっています。

1つめが「いかに勝つか」です。私が担当していた化粧品のSK－Ⅱであれば、いかにして他の高級スキンケアブランドよりもお客さまに選ばれ、愛用され続けるかが戦略です。そのために、どんな商品の特性が必要か、宣伝で起用する女優として誰があてはまっているのか、どんな広告が有効かなどの「市場で勝つための選択」が大切となります。

ところが、それだけでは長続きするブランドは育ちません。さらに重要な戦略だったのが、「どこで戦うか」という土俵の選択だったのです。

戦略論は、軍隊用語を使っているので物騒に聞こえますが、これは「どの場を選ぶか」ともいえます。**正しい場を選ぶことは、何をするかといったアクションよりもときに重要**

なのです。

これを仕事に当てはめると、効率的に仕事をすることやコミュニケーションが上手になること、ロジカルに思考することができること、ビジネス文書をまとめることが得意になることなどは、「いかにして勝つか」に分類されます。優秀なビジネスパーソンなら、この「いかにして勝つか」を重視して、ビジネススキルを磨き続けることに余念がありません。

ところが仕事で成功を収め、長いキャリアで心が折れることなく幸せに働き続ける人は、**「どこで働くか」**というもう一つの戦略を入念に考えて意思決定しています。

つまり**「働く場」の選択を間違えたら、どれだけ「勝ち方」の技術や経験を身につけても、どれだけハードに仕事をしても、望むべき成功や充実を手に入れられるかどうかがわからないのです。**

私は自分の逆境体験をきっかけにして立ち止まり、過去の体験を振り返り、自分の強みや効力感の源、そして心の支えとなったサポーターを思い返し、失敗が続くパターンを見出したとき、気づいたことがあったのです。

それは、10年以上を経て当初の目標である「プロとして食っていくだけのマーケティングの専門性」を身につけた今では、現在の場に固執する必要はないのではないか、という気づきでした。

自分が与えられた「強み」を発揮するために、そしてさらに有意義な仕事をして他者へ貢献をするためには、別の「場」を求めたほうがいいのではないかという洞察でした。

そのときから、私は心の扉を開けて、新しい可能性を求めはじめました。自分にとって次のミッションとなる新しい「場」の機会がやってきたのは、それから数ヵ月後のことでした。その後偶然の一致が重なったことで、現在の仕事をしています。

私のように、逆境体験が立ち止まるきっかけになり、そこから新たに道が開けることもあります。

そしてどんな逆境もそれを乗り越えることで、自分の精神を強くたくましくするチャンスとなります。レジリエンスを鍛える機会となるのです。

おわりに

本書の執筆のきっかけは、国内で「ハードワーク」が見直されている機運を感じたことです。

私はもともと「ハードワーカー」で、ハードに働くことに価値を置いています。社会人になってからは、外資系企業で部下の育成に熱心な上司と一緒に、終電近くまで働くことが少なくありませんでした。電車がなくなると、上司の車に同乗し、自宅まで送ってもらったものです。まだ世の中に「ワーク・ライフバランス」が導入される前の、昔の話です。

ただ4年目でマネージャーになってから、働き方がガラリと変わりました。夜7時には帰宅するようになったのです。息子が生まれたことで家族との夕食を優先させたこともありますが、それ以上にロングワークができなくなったのです。仕事での要求が、プレイャーとして量的に働くことから、部下に仕事を任せ意思決定をする質的な内容に変わったことがその理由です。責任と重圧があり、常に緊張が強いられ、長くは働けませんでした。もし、マネージャーや経営管理者の立場にある人が、部下と同じくらい長く働いても平気だとしたら、それは本来やるべき仕事を行っていないのかもしれません。

しかしながら、ハードに働くことは続けていました。時間的には長くはありません。密度が濃いインテンシブな働き方です。体は疲れなくても、脳を酷使する、知識労働者ならではのワークスタイルです。脳のスタミナがないと継続することができません。

ところが、仕事では本書で事例として挙げたようなビジネスのトラブルや人間関係の逆境、さらにはキャリアのつまずきなどが起きるものです。そのたびに心が揺さぶられ、怒りや不安などのネガティブな感情が繰り返されてしまうと、地に足がつかず、仕事も手につきません。悩みや心配でムダな時間を過ごし、さらには脳のスタミナも低減します。

これこそがハードワークを目指す人の障壁です。失敗や逆境の際に生まれる自動否定思考やネガティブ感情をセルフマネジメントできないと、心的エネルギーを消耗し、精神的に疲弊し、それが新たな逆境を招き、目標や夢を実現する前に心が折れてしまいます。

だから、ハードワークをする人はレジリエンスを鍛錬する必要があります。レジリエンスを高めれば、ハードワークをしながらも心の疲れは最小限に抑えることができます。クヨクヨ心配して悩むムダな時間も少なくなり、仕事の生産性も上がるでしょう。

自分の生業《なりわい》に励み、目の前の仕事に没頭してハードに働ける環境は、実は恵まれているのです。私もハードワークをしながら、いかに自分が「幸せ」であるかを実感しています。

最後になりましたが、本書の編集を担当していただいた木村文さん、取材にご協力していただいた皆様、そして私の執筆活動をいつもサポートしてくれる妻と二人の子どもたちに感謝の念を伝えます。本書を手に取って下さった読者の皆様にも御礼を申し上げます。

久世 浩司

参考図書・文献

『世界のエリートがＩＱ・学歴よりも重視！「レジリエンス」の鍛え方』久世浩司（実業之日本社）
『激動社会の中の自己効力』アルバート バンデューラ（金子書房）
『熔ける』井川意高（幻冬舎）
『長時間労働者への面接指導マニュアル』（厚生労働省）
『マインドフルネスストレス低減法』ジョン・カバット＝ジン（北大路書房）
『Gの法則―感謝できる人は幸せになれる』ロバート・A・エモンズ（サンマーク出版）
『世界でひとつだけの幸せ』マーティン・セリグマン（アスペクト）
『Give & Take「与える人」こそ成功する時代』アダム・グラント（三笠書房）
『これが答えだ！―部下の潜在力を引き出す12の質問』カート・コフマンほか（著）（日本経済新聞社）
『関わりあう職場のマネジメント』鈴木竜太（有斐閣）
『ピクサー流 創造するちから―小さな可能性から、大きな価値を生み出す方法』エド・キャットムル（ダイヤモンド社）
『駆け出しマネジャーの成長論』中原淳（中公新書ラクレ）
『仕事で「一皮むける」』金井壽宏（光文社新書）
『優れたリーダーは、なぜ「立ち止まる」のか』ケヴィン・キャッシュマン（英治出版）
『心的外傷後成長ハンドブック』宅香菜子（医学書院）
『天才！ 成功する人々の法則』マルコム・グラッドウェル（講談社）
『SPARK Resilience Training』Ilona Boniwell, Lucy Ryan (Positran)

『The Resilience Factor』Reivich, K., & Shatté, A. (Broadway Books)

『Translating Positive Psychology in to Business Strategy in Shell』Alistair Fraser (Symposium at ECPP)

『Character strengths and virtues』Peterson, C., & Seligman, M. E. P. (Oxford University Press)

『Negativity bias, negativity dominance, and contagion』Rozin, Paul, and Edward B. Royzman (Personality and social psychology review)

『What You Can Change and What You Can't』Seligman, M.E. (Nicholas Brealey Publishing)

『Recovery, work engagement, and proactive behavior: A new look at the interface between nonwork and work』S. Sonnentag (Journal of Applied Psychology, 88, 518-528.)

『Writing about emotional experiences as a therapeutic process』(Pennebaker, J.W.) (Psychological science)

『Emotional Vampires: Dealing with People Who Drain You Dry』Albert Bernstein (McGraw-Hill)

『Compassion at Work』Compassion Lab and Dutton J. E. (Presented to International Positive Psychology Association 2013)

『Compassion Revealed: What We Know About Compassion at Work (and Where We Need to Know More)』Lilius, J. M., Kanov, J., Dutton, J. E., Worline, M. C., & Maitlis, S. (The Handbook of Positive Organizational Scholarship, Oxford University Press)

『Crucibles of leadership』Warren G. Bennis and Rubert J.Thomas (HBR Must Read on Leadership)

『Generalized self-efficacy scale." Measures in health psychology: A user˜ s portfolio』Schwarzer, Ralf, and Matthias Jerusalem. (Causal and control beliefs)

『Strategy for learning from failure』Edmondson, A.C. Harvard Business School Publishing Corporation

『Expert and exceptional performance: Evidence of maximal adaptation to task constraints』Ericsson, K. Anders, and Andreas C. Lehmann. (Annual review of psychology)

■著者紹介
久世 浩司（くぜ・こうじ）　**ポジティブ サイコロジー スクール代表**
1972年岐阜県大垣市生まれ。慶應義塾大学卒業後、P&Gに入社。化粧品事業のマーケティング責任者としてブランド経営・商品開発に国内外で従事。その後、国内初のポジティブ心理学の社会人向けスクールを設立、代表として就任、コーチ・講師などの実務家を育成する。専門はレジリエンス。NHK「クローズアップ現代」ではレジリエンス研修が取り上げられた。著書に『「レジリエンス」の鍛え方』『親子で育てる折れない心』（実業之日本社）がある。応用ポジティブ心理学準修士課程修了。認定レジリエンス マスタートレーナー。

Web: www.positivepsych.jp
Email: info@positivepsych.jp

なぜ、一流の人は ハードワークでも心が疲れないのか？

2014年 11月10日　初版第1刷発行
2015年 1月29日　初版第4刷発行

著　者　久世浩司《くぜこうじ》
発行者　小川　淳
発行所　SBクリエイティブ株式会社
〒106-0032 東京都港区六本木2-4-5
電話　03-5549-1201（営業部）
印刷・製本　中央精版印刷株式会社
装　丁　tobufune（小口翔平＋西垂水敦）
編集担当　木村文
本文デザイン　tobufune（平山みな美）
本文組版　アーティザンカンパニー株式会社
本文イラスト　北砂ひつじ

落丁本、乱丁本は小社営業部でお取り替えいたします。
定価は、カバーに記載されております。
本書に関するご質問は、小社学芸書籍編集部まで書面にてお願いいたします。

ISBN978-4-7973-8041-5

感情カードの使い方

— 目的 —

ストレスなどが起因となり発生した感情を認知します。
ネガティブ感情のラベリング(P.24)を行う際におすすめです。
下記の手順に沿って使って下さい。

※カードはコピーしてご使用下さい

1. 感情カードを並べます
2. 最近起きたストレスフルな体験の後に生まれた感情に当てはまるカードを複数枚選んでください
3. カードに書かれた内容を読み、その感情について理解します
4. 次にそれらの感情が生まれた順番にカードを並べ替えて下さい
5. 最初に生まれた感情にいかに早く気づき、対処することができるかを考えます
6. 最後に、それらの感情の中で最もしつこく残り、繰り返される感情にどう対処するかを考えます

疲労感
Exausted

過度な仕事や要求、継続的なストレスが重なることで生まれる心理的かつ感情的な「消耗感」。

状況を自分でコントロールできない喪失感や物事の結果を出せない非達成感が加わると、「バーンアウト」(燃え尽き症候群)になるリスクあり。

悲しみ
Sadness

自分にとって大切な何かの喪失が原因で生まれるネガティブ感情。

人とのかかわりを避け一人で静かにいたいと感じる。涙は誰かに助けを求めている意思表示になる。

憂鬱感

Depressed

自尊心など個人的な何かを失った時に
生じるネガティブ感情。

引きこもりの行動を促し、
生理的には免疫機能を低下させるリスクを高める。

不安

Anxiety

目に見えない脅威、将来起こる出来事の
否定的な予想、先行きの不明瞭さなどにより
生じる懸念の感情。

失敗を回避するために、新たな挑戦への気持ちをくじかせる。
また生理的には、心血管疾患のリスクを上げる。

罪悪感

Guilt

自分の行動が失敗もしくは過ちであったと
自覚したときに生じる、後悔や自責の念などの
精神的な痛みを伴う感情。

間違った行いや態度の矯正や、
被害者への謝罪行動を促す。

羞恥心

Shame

社会的立場を失うような、他者からの批判や
ネガティブな評価を受けた時に生じる感情。

対人関係を回避し、服従的な態度を促すため、
精神的なストレスが高まる。

怒り

Anger

他者の反モラル的な行動に対して、
または自分の所有物や権利が奪われたときに
生まれるネガティブな感情。

攻撃本能が活性化し、ヒト・モノに攻撃的になる。
急激な血圧の高まりが心血管疾患のリスクを上げる。

怖れ

Fear

目の前の確実で切迫した脅威にさらされたときに
喚起される恐怖や畏れの感情。

脅威からの逃避という即座の行動を促し、
心血管疾患のリスクを上げる。

嫉妬

Jealousy

大切な人との関係性を失い、
その人の愛情が他人に奪われるという怖れや疑念により生まれるネガティブ感情

相手に対しての敵対心・拒絶や攻撃的な行動を促す。

羨望

Envy

自分にはなく、他人にはあるもの（外面・能力・所得・所有物・地位・権力・学歴・交流関係など）に対しての欲や切望を感じたときに生まれる感情。

他人と比較した結果の劣等感や自己批判につながる。